夢をかなえる人の考え方

ジム・ドノヴァン

はじめに　——過去への旅——

両親が暮らす小さなアパートの、さらに小さなベッドルーム。私はそこに住んでいた。選択肢なんて何も残っていなかった。人生は、もう私の手には負えなくなっていた。

私はニューヨークのセントラルパークに寝泊まりするような、ホームレスになる一歩手前だった。長年の無茶苦茶な生活がたたり、ついに私は力尽きた。すべてを失い、どん底まで落ちていた。

夜になっても眠れなかった。目を開けたままベッドに横たわり、神に助けを求めた。

「神さま、お願いです。どうか助けてください。どうすれば、この人生を変えてくださいますか？」

その後、私はすべてを経験した。

アパートから追い出され、車の中で寝泊まりした。何日も食べ物が手に入らないこともあった。ある場所から、他の場所へとわたり歩いて生活しながら、そのたびに、私は自分にこう言い聞かせた。

「今度こそ、変わる。ちゃんとした人間になる」

ある日、空を見上げて、こう言ったのを覚えている。

「神さま、もうたくさんです。

私を天国へ連れていくか、そうでないなら変わらせてください」

しかし正直なところ、当時の私には、神がどちらを選んでも大した違いはなかった。

あの運命の日が訪れたのは、もう何年も前のことだ。あの日を境に、私の人生は一変した。

私の中の何かが、死ぬことよりも生きることを望んでいた。私はちっぽけなプライドをのみこむと、差し出された援助を受け入れ、治療プログラムを始めた。

プログラムが進むにつれ回復へと向かうことができたが、私はそれ以上のものを望んでいた。かつては自分のものだった人生を、もう一度手に入れたかった。どこかに存在するのはわかっていたのに、どういうわけか長い間私の手をすり抜けていた「成功」を、私はこの手で握りたかった。

手に入る本はなんでも読むようになったのは、そんな回復に向かいはじめた時期のことだ。

そもそも、本を読む以外に特にやることがなかったのだ。

この時期に、私は自己啓発書に出合った。手に入る限りの自己啓発書を次々と読破し、絶えず自己啓発のテープを聴き、セミナーにも参加するようになった。こうした行動が、私の人生を永遠に変えるきっかけとなった。

私の人生は、いい方向に変わりはじめた。以前は想像もしていなかったような大きな目標を達成するようになっていった。

それから数年間、自己啓発の情報をむさぼるように仕入れた私は、今度は自分でも書くようになった。それまでに学んだことを他の人にも伝えたいと思ったのが、おもな理由だ。

私はずっと昔から、文章を書くのが得意だった。書くことで人生が大きく変わることになるなんて、当時は夢にも思っていなかった。しかし、こうして書きためた文章から、私の著書が生まれることになった。『誰でもできるけれど、ごくわずかな人しか実行していない成功の法則』(小社刊)がその中の一冊である。

現在、私の著作は二二の国で出版されている。各地でセミナーを開催して大勢の人に語りかける喜びを体験し、私のおかげで人生がいい方向へ変わったと言ってくれる人たちから、毎日のように手紙やメールを受け取っている。

自己啓発の分野で最も偉大な著者の一人であり、私の憧れの存在であるオグ・マンディーノなら、こう言ったかもしれない。

神の手が私の人生にじかに触れ、悲嘆と絶望の人生を、突拍子のない夢よりもさらにすごい人生に変えてくれたのだ——と。

今の私は、人は誰でも偉大さを秘めていることを知っている。

その偉大さを実現するには、自分の人生に責任を持ち、夢を見る方法を思い出し、価値ある目標をかかげ、信じる心を持ち、そして行動すればいい。それだけだ。次の一歩は、自然に見えてくるだろう。

今の私は、生涯を通して学びつづけようと心に誓っている。「エキサイティングで意義深い人生」を生きるか、それとも、哲学者で詩人のヘンリー・デイヴィッド・ソローが言うような「静かな絶望の人生」を送るかは、気持ちが高まる前向きなメッセージを絶えず自分自身に取り入れているかどうかで決まる。

＊＊＊

本書は、**理想の人生を手に入れるためのカギとなる「人生の基本原則」についての本である**。私はこの原則のおかげで、夢のような人生を実現できた。

この本に書かれている原則は、どれもシンプルで誰でも実行できることばかりだ。これらの原則を取り入れれば、望みの人生を手に入れることができる。本当のあなたが生きるはずの人生、毎日を心待ちにするような人生、ため息が出るほど素晴らしい人生だ。

あなたには、そのような人生を生きる価値がある。 そしてあなたの中には、そのような人生を創りだす力が眠っている。

この本の読み方は自由だ。最初から終わりまで通して読んでもかまわないし、一日にひとつずつ読んでいくのもいいだろう。

いちばん大切なのは、行動に移すことだ。なぜなら、実際に行動してこそ、人生に変化を起こして、成長することができるからだ。

心の準備ができたらページをめくり、あなたが望む人生を実現させていこう。

夢をかなえる人の考え方

目次

1章 目標を持つ

2章 大きな力にゆだねる

3章 自分を信じる

4章 豊かさに心を開く

5章 自分の人生に責任を持つ

6章 前向きに考えて成功を目指す

7章 気持ちの余裕を持つ

8章 モチベーションを常に高く保つ

9章 貢献する

1章

目標を持つ

01

情熱を燃やす対象を見つける

「こんなに楽しい思いをしてお金がもらえるなんて信じられないよ！」

ロック歌手ブルース・スプリングスティーンはステージの上で思わずそう叫んだ。

私はよく、どうしたら「人生の目的」が見つけられるか、という相談を受ける。

その答えは、スプリングスティーンの言葉の中にある。

自分がごく自然にできること、まずはそれを見つけよう。

お金は関係ないとしたら、あなたは何をするだろう？

私にとって、それは「書くこと」と「話すこと」だ。その共通点は、ためになる情報を人に伝えるということ。私はこれを仕事にするずっと前からごく自然に行っていた。本を書こうと考える数年前から、すでにニューズレターを発行していた。

・昔からずっと得意だったことはなんだろう？
・ただ楽しいからしていることはなんだろう？
・お金は関係なかったら何をしているだろう？

この三つの質問への答えが、自分の情熱の対象を見つけるヒントになる。

本当にやりたいこと、心から楽しいと思えることを見つけるのは、自分に対する責任だ。

しかし、すぐには見つからない。

あっという間に自分の天職を見つけるなんて、めったに起こらない。しかし、自分の内なる導きに従って、ねばり強く探しつづければ、スプリングスティーンのような幸運な人間の仲間になり、心からこう言うことができる。

「こんなに楽しい思いをしてお金がもらえるなんて信じられないよ！」

まとめ

情熱を感じられる仕事を見つけることは自分への責任だ。

ヒントは「得意なこと」「楽しいこと」「収入がなくてもしたいこと」にある。

02

目標を紙に書く

ここでじっくり時間をかけて、あなたが夢見る人生を思い描いてみよう。

・あなたはどんな人間関係を望んでいるだろう？
・自分の健康については？　キャリアとお金は？
・あなたはどんなことを経験したいだろう？
・何になりたいだろう？　何を手に入れたいだろう？

時間をかけてじっくり考え、思い浮かぶことを紙に書いてみよう。紙に書くだけで実現できる確率がぐんと高くなる。これは事実だ。

人間の最大の間違いのひとつは、簡単に達成できそうな「控えめな目標」を立ててしまうことではないだろうか。これは一見、間違ってはいないようにも思える。しかし「ひかえめな目標」では、自分の本当の可能性を実現することはできない。

偉大な自己啓発の教師ボブ・プロクターは「十分に大きな目標とは、少し恐怖を覚えるぐらいの目標だ」と言っている。

大きな目標を立てれば、あなたは否でも応でも、自分の能力のすべてを使うようになる。

そうすることで本当の意味で輝くことができるのだ。

ほとんどの人は、「次の一歩」のことを考える。もちろんそれも大切だ。しかし、それだけで心からワクワクできるだろうか？

セールスの仕事をしている人なら「ノルマの達成」が「次の一歩」だ。しかし、「ノルマを達成した自分」を想像するよりも、「トップセールスになった自分」を思い描くほうがずっとワクワクする。

「次の一歩」の、さらに先を見てみよう。あなたが自分のキャリアで最終的に達成したいことは何だろうか？

私は一九歳のときに、掃除機の訪問販売の仕事を始めた。上司からはさんざん半人前扱いされ、若すぎるから大した仕事はできないだろうと言われた。そこで私は上司に挑戦することにした。「一カ月で支店でトップの成績をあげる」と宣言したのだ。

どうしてそんなことを言ってしまったのかはわからない。セールスの経験なんてなかった。ただ、何かができないと人から言われるのがいやだったのだ。

その会社では、毎月トップの成績をあげた人が表彰されることになっていた。トップセールスパーソンは舞台に上がり、小さなトロフィーを受け取ることができる。

私は目標の意味もわからないままに、とにかく目標を立てた。

当時の私にとって大切なのは、売れた掃除機の台数でも、もらえる手数料の額でもなかった。ただトロフィーが欲しい、それだけだった。

まだ一九歳の少年だった私は、トロフィーのことを考えるだけで、毎朝ベッドから飛び起きて一日中全力で働き、さらにみんなが帰ってからも働きつづけられた。

「今の自分よりも大きな目標」を持つことで創造性が刺激され、夢の実現に向けて力強く進んでいくことができる。

その月の昼食会で、私は他の地区のトップセールスパーソンたちと一緒に舞台の上にいた。そして、手には小さなトロフィーを誇らしげに握っていた。

自分の手が届く範囲の「さらにその先」に目標を定めよう。それが本当に心からワクワクできるくらいの大きさの目標だ。大きな目標を持てば、それを達成したときの気分や、夢が実現した人生の姿を想像するだけで興奮できる。

たとえ望みどおりの結果にはならなくても、格段に進歩できる。さらに、目標に向かって努力する過程では、いい気分を味わえる。

そもそも、気分よく生きることがいちばん大切なのではないだろうか？

まとめ

心からワクワクできる大きな目標を持とう。
その目標を必ず紙に書こう。

03

力強い理由のある目標を持つ

あなたの目標リストには、たぶん次のようなことが書いてあるのではないだろうか。
「家族との関係を向上させる」「幸せになる」「今よりいい仕事を見つける」「自分のビジネスを始める」「新しい家か車を買う」「収入を増やす」。

それではなぜ、その目標を実現したいのだろう？　あなたは、理由を答えることができるだろうか？

マザー・テレサは慈善活動を行う理由をたずねられたときに、こう答えた。
「誰もが威厳ある死を迎えられるようにするためです」

彼女の理由は力強かった。だからこそ、あんな小柄な女性が、世界中に広がる巨大な慈善事業を築き上げ、自分が世を去ってからも、貧しい人や病気の人、死にかけている人をずっと助けていくことができたのだ。

たとえば「収入を増やす」という目標を立てたとしよう。あなたの「なぜ」は何だろうか？

・あなたはなぜもっとお金が欲しいのか？
・お金があるということは、あなたにとってどんな意味を持つのか？
・お金はあなたのために何をしてくれるか？
・安心感、自由、幸せなど、お金がもたらす結果が重要なのか？
・もっとお金があったら、どんな気分になるか？

自分の目標の「理由」が明確で、それを達成したときの気分をはっきり思い描けるほど行動を起こす意欲が高まり、目標を達成するのも早くなる。

まとめ

なぜそれを実現したいのか？
理由が力強いほど目標は実現しやすくなる。

04

目標の裏側を知る

たいていの自己啓発書には「自分の望みをはっきりさせなさい」というようなことが書いてある。**「自分の望みに気持ちを集中しなさい、なぜなら、頭の中で考えることが現実に自分に引き寄せられるからだ」**と、それらの本は言っている。

この考え方をいちばんうまく表現したのは、アール・ナイチンゲール（アメリカの自己啓発の大家）だろう。

「あなたの精神は、その瞬間にあなたの頭を支配している思考と同じ方向へ向かう」と彼は言った。

これは彼のオリジナルではない。

「人生で実現したいことに意識を集中しよう。なぜなら、考えていることが現実になるからだ」――この考え方は、数千年の歴史を持っている。

実はこの考え方には重要なポイントがある。「望み」つまり「目標」には裏側があるということである。

「望み」には、必ず「望まないこと」がセットで存在している。**「望み」がなかなかかなわないのは、「望み」の裏側にある「望まないこと」を潜在意識が拒否するからだ。**

たとえば、あなたが自分のビジネスを二倍に成長させたいと思っているとしよう。

「二倍なんてとんでもない」と反論する人もいるかもしれない。しかし実際のところ、二倍ぐらいの成長は普通にありえることだ。

ここが問題なのだ。

目標を口にしながら、内なる声は「そんな目標はやめなさい」とあなたにささやく。

「一年で二倍にするなんて大変だ。無理に決まっている。もし仮に可能だとしても、今の二倍は働くことになるんだぞ」――心の中ではこんな葛藤が繰り広げられている。

このジレンマには簡単な解決法がある。目標を設定する前に、自分の「望まないこと」

をはっきりさせればいいのだ。「ビジネスを二倍にする」という例で考えると、「望まないこと」とは、たとえば以下のようなことだろう。

・仕事を増やしたくない
・経費を増やしたくない
・借金を増やしたくない
・これ以上多くの人を雇いたくない
・労働時間を増やしたくない

「望まないこと」を考える——このシンプルな原則を実行するだけで、次の重要なステップ「目標設定」への準備を整えることができる。

ここで再び「ビジネスを二倍にする」の例で考えてみよう。「望まないこと」を考えたあとでは、「ビジネスを二倍にする」という目標は、次のように表現できるようになる。

・私は今から一年で自分のビジネスを二倍にしたい

- 無理せず楽しみながらそれを達成したい
- 今の予算とスタッフのままで実現したい
- 目標達成までの過程はエキサイティングで充実感のある体験であってほしい

自分が恐れていること、抵抗を感じることをまずはっきりさせれば、欲しいものを確実に手に入れる道が開ける。

「望まないこと」をくよくよ思い悩んではいけない。そんなことをしたら「望まないこと」を引き寄せてしまうことになる。ただ若干の時間とエネルギーを使い「望まないこと」をはっきりさせるだけでいいのだ。

まとめ

目標設定の前に「望まないこと」をはっきりさせておこう。
潜在意識の抵抗を防ぎ、目標は確実に実現できるようになる。

05

定期的に目標を設定する

定期的に目標を設定している人は、驚くほど少ない。何百年も前から目標を掲げることの大切さが指摘されているにもかかわらず、いくつかのデータによると、実践している人はほんのわずかである。

その限られた人たちは成功する確率も高いという状況は、当然とも言える。つまり、もし成功を望むのであれば、目標を設定すればいいのだ。ある大手百貨店の創業者は、「在庫管理の目標が設定されていれば、きっと歴史的偉業が成し遂げられるだろう。しかし、在庫管理の目標は、めったに設定されていない」という名言を残している。

これまで数年間、私が夢をかなえてきた秘訣があるとすれば、**人生のさまざまな事柄について目標を設定する習慣を持っていたことだ。**

毎年一月の第一週に、その一年間で達成したい内容をメモする。そのために、まず今後五年間の理想的な生活を描いた人生プランを読み返す。

その内容は刻々と変化するものなので、夢や希望の変化に合わせて継続的に見直している。また具体的な項目には、理想的な精神状態、体調や健康状態、仕事やキャリアの目標、人間関係、社会的地位や物質的充足、さらに金銭的目標も加えている。

そのプランを見ながら、一年間でできそうなことをリストアップし、各項目につき一〜二の最優先目標に絞り込む。

そもそも、なぜ目標設定が大切なのか？

人生の目標を立てれば、道しるべになり、進捗状況も確認できる。さらに、自分の希望を潜在意識に刻み込み、周囲の人たちに伝える手段にもなる。

私の場合、通常は何とかして期日までに目標を達成しようとする。できなければ、目標をあきらめるのではなく、期日を変えて修正を加える。

たとえ実現できなくても、目標を設定しないよりずっといい。かつて私は、年間五〇回のセミナーや講演会を行うという目標を立てた。平均すれば週一回講演を行わなければならず、壮大な計画だと言える。実際の講演回数は三五回にとどまったが、これは失敗だったのだろうか？　そうは思わない。目標がなければ、どれだけの講演ができただろう？

年収一〇〇〇万円という目標を立てて八〇〇万円しか稼げなかったからといって、「目標達成に失敗したから、このお金は捨てる」などと言う人がいるだろうか？　たとえ目標を紙に書いて引き出しにしまっておくだけでも、まったく何もしないより目標に大きく近づくことができる。

夢や目標を心にとどめているだけでは、単なるお題目になる可能性が高い。**文字にしてこそ力を持つのだ。書くことで心の中から取り出し、具体的に形あるものとなる。**目標を書くというプロセスによって、実感が高まり、責任感を抱くようになるのだ。

まず私は五年先までの理想的な人生プランを立てる。そして一年ごとにできるだけ具体的に思い描き、そこから目標を考え出していく。そうすれば人生設計と矛盾しないはずである。

目標を先に決めると、理想の人生と整合しなくなってしまう危険がある。健康や家族についてはまったく考えず、お金や仕事の目標だけを設定して不幸な結果に終わるという事例は数え切れない。**人生を最大限に楽しむには、さまざまな面に目を配る必要がある。**

人生設計ができれば、大切な項目についての理想的な生活もイメージできる。そこから各項目の最優先目標を決められる。

人生設計に基づいた一～二年の目標を決めてみよう。五年先のキャリア目標に向かって、次の一～二年に何をしなければならないだろうか？

まとめ

五年先までの理想的な人生プランを立ててみよう。
人生プランにそった目標を決めて実際に書いてみよう。

06

大きな目標を立てる

最初に質問がある。あなたの目標は無難すぎないだろうか？

私は営業マンの目標達成度について多くのマネジャーを対象に聞き取り調査をしたことがある。その結果、大半の営業マンが目標どおり、あるいは目標にわずかに届かない成績だということがわかった。目標を上回る営業マンはほとんどいないそうだ。

ほとんどの営業マンは、自分が達成できそうな控えめな目標を設定し、それを確実に達成すればそれでいいと思っているのだ。

大きな成果をあげたいと思うのなら、安穏としていられなくなるようないっそうの努力が求められる目標を持たなければならない。

だが目標というものは、恐怖心も助長する。実現しようという思いによって気分が高まり奮起すると同時に、自分には能力や技術や力が不足していると考えたり、想像に足を引っ張られたりして、行動する前から恐ろしくなるのだ。

ここで覚えておいてほしいことがある。

恐怖心は幻想にすぎない。壮大な目標への努力を恐れる理由はない。ひたすら立ち向かってみよう。

あなたにふさわしい目標であれば、必ず達成方法は見つかる。強い気持ちがあれば、目標に必要なものや人、情報、行動への道筋が見えてくるはずだ。

もうためらっている場合ではない。

まとめ

自分の目標が無難すぎないかどうか見直し、努力が必要な大きな目標を立てよう。目標を達成する方法を考え、ひたすら立ち向かおう。

07

中間目標を決めて行動を始める

目指すべき人生プランと一年間の目標を書いたら、中間目標を立てて行動計画を作ろう。目標リストを読み返し、それぞれに一～二段階の中間目標を決める。たとえば社内トップの営業マンになるために、これからの一年間で所属部署でトップの営業成績を残すのが目標だとする。そのためには三カ月後までに担当エリアでトップの成績が求められるかもしれない。これが中間目標になる。

目標達成に向けた三カ月間の中間目標が決まれば、一カ月間の具体的な行動計画を加えていこう。中間目標に近づくための一カ月の行動プロセスを書き出してみよう。このときは可能な行動を列挙すればいい。そして次の作業として、理想的な人生プランに欠かせない一週間単位、一日単位の行動を決めていこう。

前進するためすぐにできる行動を少なくとも一項目は加えておきたい。**目標を設定して即座に行動に移ることは、きわめて意義が大きいからだ。**本気で取り組むというメッセージが潜在意識に届くのだ。

新年に「今年はこうしよう」と決めておきながら、何の行動も起こさない人が多いが、当然ながら目標達成はかなり遠のく。シャンパンの泡が消えるようなわずかな時間で前向きな思いが挫折してしまうという例は少なくない。

それを防ぐには、ちょっとしたことをすぐにやってみればいいのだ。

まとめ

目標に向けて中間目標を決め、その達成に向けた行動を決めていこう。すぐにできるちょっとした行動をプランに入れて、すぐに実行しよう。

08 適切な質問を自分に投げかける

もし「大きな成果」を望むのなら、「大きな質問」をすればいい。「よい成果」を得るためには「よい質問」が必要だ。

すべての本物の知恵と同じように、この法則も、理解するのは簡単で、実行するのはもっと簡単だ。説明しよう。

あなたが自分のビジネスを持っているとする。そして、景気はあまりよくないけれど、収入を増やしたいと思っている。そこであなたは、顧客を五人増やせばかなり楽になると計算し、次のように自問した。

「どうすれば顧客を五人増やすことができるだろう?」

このように**適切な質問を自分に投げかけたとたんに、あなたの潜在意識は答えを探しは**

じめる。そして、質問の答えとなる新しいアイデアが浮かんでくる。つまり質問をきっかけに顧客を五人増やすような思考に切り替わったのだ。

もしその質問が「顧客を五〇人増やすにはどうしたらいいか？」だったらどうなるだろう？　答えはもうわかっている。あなたの思考は、すぐに顧客を五〇人増やす方法を探しはじめる。そして新しいアイデアが浮かんでくる。

すごいことではないだろうか。

まとめ

潜在意識には素晴らしい力がある。
それを引き出すのが自分自身への適切な質問だ。

09

問題をチャンスに変える

名作『かもめのジョナサン』（新潮社）で知られる作家のリチャード・バックは、「恩恵をもたらさない問題はない。われわれが問題を探し求めるのは、そこに隠されている恩恵を必要としているからだ」と書いている。

ただし、**本当に重要なのは、問題を探し求めるかどうかよりも、問題に遭遇したときにどう対処するかである。**私がずっと前に学んだ素晴らしいテクニックは、「問題」を「やりがいのある課題」と言い換えることだ。たんなる言葉のトリックのように見えるかもしれないが、よく注意してほしい。

「問題」なら避けたくなるが、「やりがいのある課題」なら、思い切って乗り越えようとする対象となる。一見取るに足らないこの言い換えは、状況にどう対処するかに大きな影響を与える。

やりがいのある課題がめぐってきたとき、それを避けるのではなくて歓迎しよう。それをチャンスに変えるために何ができるかを自問しよう。それを活用するための最善の方法を模索しよう。

ドミノ・ピザがその好例である。自分たちの商品が好きかどうかを顧客にたずねたところ、「大嫌いだ」という答えが数多く返ってきたという。

ドミノ・ピザの社員は傷ついたに違いないが、一部の会社のように現実から目をそらしたりせず、問題を歓迎することにした。そして、サービスを改善し、会社を変革し、品質が向上したピザを提供して顧客を取り戻すことに成功した。

ドミノ・ピザを含めて多くの会社にとって、必要な変化を起こすことは困難を伴うが、その努力は報われる。問題に直面したら、アプローチの仕方を変えて、それをやりがいのある課題とみなし、よりよい質問を自分に投げかけよう。

まとめ

「問題」ではなく「やりがいのある課題」と考えて歓迎しよう。その課題をチャンスに変えよう。

10

いつものパターンから抜け出す

聡明なはずの人たちが、ワンパターンの日常を変えられなくなり、変化のない日々を繰り返している。同じ通勤ルートで職場に向かい、同じ場所で朝食をすませるなど、お決まりのパターンをほとんど崩さない。

職場や学校と自宅の往復ばかりで、いつもの仲間と過ごし、いつものイベントに参加する。聴く音楽、観るテレビ番組も変わらない。そうなると退屈なのは当然だ。

職場や家庭での生活をもっと充実した、愉快なものにしたいなら、いつものパターンを抜け出すことから始めよう。そうすれば創造力が刺激される。毎日のパターンや習慣を変えれば、脳内に新たなシナプス（神経結合）が生まれるからだ。

通勤ルートを変えるだけでも、新鮮な風景や音に出合えるはずだ。以前は気づきもしなかったものが目に入ってくるに違いない。

スティーヴン・スピルバーグをはじめとするクリエイティブな人たちは、そうやってドライブの時間を増やし、アイデアを探し求めている。

あなたは毎日職場で同じ行動をしていないだろうか？　きっと一定のやり方を繰り返しているはずだ。だから問題というわけではないが、創造性が低下し、飛躍を望めなくなってしまう。そんなマンネリを一新してみてはどうだろうか。


日々の行動を変えてみよう。たとえばメールチェックの方法を変えれば、従来の行動が変わり、急ぎの用件に対処できるのではないだろうか？　私の場合、相手が早朝から返事を待っているかのように朝一番でメールチェックをしていたので、重要な案件に対応できていなかった。

そこで、メールチェックの時間を少し遅らせたところ、早朝に文章を書く時間を確保できた。私にとって何よりも大切な作業である。朝は瞑想で静かな時間を過ごした後、頭がすっきりして穏やかな気分なので、執筆がもっとも進む。メールチェックを遅らせたおかげで、健康維持に欠かせない運動の時間も取り戻せた。

車で外出するときは、できるだけルートを変えるようにしている。今ではそのドライブが格好のアイデア探しの時間になり、思いついたアイデアはスマホに録音している。


お決まりのパターンを変えれば、それだけ創造力が刺激される。朝起きて着替えるとき、試しにズボンを反対側の足からはいてみればいい。いつも右足からであれば左足からに変えてみよう。（バランスを崩すはずだから、近くに椅子の用意を忘れないように。）いつものお決まりのパターンに条件づけされていることを、実感できるはずである。

入浴時も、顔ではなく足から洗えば、いつもと違う気分になる。次の運転時には高速道路ではなく一般道を走って気分の変化を確認してみよう。

そうして頭が刺激されるようすれば、次々と新しいアイデアが浮かび、斬新な発想につながる可能性も高い。

まとめ

毎日の行動パターンや習慣を見直し、いつもと違うやり方をしてみよう。いますぐ小さなことをひとつ選んで実行してみよう。

11

夢を実現するために一歩踏み出す

「自信を持って夢に向かって突き進み、思い描いている自分自身の人生を生きようと努力すれば、想像していたよりはるかに大きな成功にめぐり会うだろう」

これは作家ヘンリー・デイヴィッド・ソローの言葉である。

あなたは静かに人生を送り、誰にも気づかれることなく生涯を終えるために生まれてきたのではない。だが残念ながら、そういう生活をしている人が非常に多い。足取りは重く、好きでもない仕事をして、現実逃避を願い、ソローに言わせれば「静かなる絶望の日々を送っている」。

もうひとつ、私が気に入っている言葉を紹介しよう。フランスの作家エミール・ゾラの「もしなんのために生まれてきたのかと聞かれれば、『人生の叫び声をあげるためだ』と答えたい」である。

あなたは人生の叫び声をあげるために生きているだろうか？

夢や希望は、人によって違う。多くの人が指摘しているように、こうなりたい、こうしたい、何かを手に入れたいという希望を持っていれば、すでに実現する力があるのだ。

ちょっと立ち止まって、心の中にある希望について考えてみよう。実現の可能性が高く、手の届くところにあることがわかるはずだ。おそらく夢はあなた自身が思っているよりずっと近くにある。

成功への強い意志を持ち、そのビジョンをけっして忘れず、正しいと信じる行動を続ければ、やがて成果は現れてくる。

きっと思わぬ形で、助けてくれる人に出会えるだろう。どこからともなく必要なものも手に入るだろう。すべてが成功に導いてくれているかのように順調に進み、ソローの言葉どおり「想像していたよりはるかに大きな成功にめぐり会う」に違いない。

まとめ

自分の夢は何なのか、もう一度はっきりさせよう。
その夢に向かって、恐れず、自信を持って第一歩を踏み出そう。

12

夢の実現につながる言葉を使う

数年前のある日のことだ。私は妻のジョージアから「お金の楽しみ方を知らない」と言われてしまった。

多くの人と同じように、私のお金に対するイメージと言えば、支払いや投資といった「真面目なもの」だった。

そのため妻は、紙幣全体に小さな「スマイルマーク」を貼り付けた一ドル札を一枚作り、時には楽しみのためにお金を使わせようとした。

ジョージアの思惑どおり、財布を開けるたびにスマイルマークがいっせいに目に飛び込んでくるので、人生が明るく楽しいものになってきた。

紙幣にスマイルマークをつけるとか、欲しい車の写真を鏡に貼るとか、目立つ場所に売上目標を貼るというちょっとした行動は、それだけで希望どおりになるものではない。しかし、いつも夢や希望を忘れなくなり、潜在意識に自分の望みをはっきり認識させられるので、「宝の地図」「夢の標識」「将来設計図」などと呼ばれている。

ご存じのとおり、潜在意識にはどんなメッセージも伝わる。ただし、潜在意識は「○○したい」という指示と「○○したくない」という指示を区別できない。「ピンクのゾウについて考えてはいけない」と言われると、ピンクのゾウについて考えてしまうことからわかるように、逆の指示は効果がない。だから、たとえば「借金の督促状を受け取らないようになりたい」ではなく、「借金を返済して裕福になりたい」というメッセージを送る必要があるのだ。

自分の言葉や考え、感情はそのまま潜在意識に伝わるので、望むことだけを考え、話すのがいい。

「問題」ではなく「やりがいのある課題」と考えたり、「欠点」ではなく「長所」について話したりすることを心がけよう。

「私は〇〇が嫌いだ」というフレーズを復唱する前後で筋力テストを行うと、復唱後に筋力は低下するという実験結果がある。

逆に「愛」のような前向きな言葉を加えた文章を復唱した前後で同じテストをすると、筋力は上昇するという。

言葉には力があり、話す言葉がプラス効果にもマイナス効果にもなる。**幸せで充実した生活を送ろうと思えば、どんな言葉を聞くか、誰から聞くかに気を配り、自分が話す言葉も慎重に選ばなければならない。**

自分への最大の力になるのは、たとえば「私の売上は着実に増加しており、顧客にとっての価値も高まっている」といった前向きな言葉である。同様の言葉を自分自身にあてはめて、売上の増加を期待してみよう。

まとめ

自分の夢や希望に関する前向きな言葉を選んで壁や鏡など目につく場所に貼ろう。どんな言葉を聞くか、誰から聞くか、自分はどんな言葉を話すかを慎重に選ぼう。

2章

大きな力にゆだねる

13 すべてを自分で解決しなくてもいい

自己啓発の大家ウェイン・ダイアー博士は、こんなことを言っている。

「私はどんなスピリチュアルな解決法があるのかは知らないかもしれない。しかし、スピリチュアルな解決法がたしかに存在することは知っている」

神、または神のような大きな存在にすべてをゆだねることは、難局を切り抜けるカギの一つだと、私は信じている。

健康のことでも、仕事やキャリアのことでも、または他のどんな問題でもいい。あなたの当面の問題に、**思いも寄らない場所から解決策が届けられると信じていれば、問題は必ず解決する。**

とかく人間は、問題があると意固地になってしまい、とにかく自分の力で解決策を見つけようとする。しかし実際は、その正反対の方法で望んだ結果は手に入る。

気をつけなければならないのは「すべてをゆだねる」ことと「あきらめる」ことはまったく違うという点だ。実際、この二つは正反対だ。

「すべてをゆだねる」には、まず人間は自分一人の力では何もできないと理解することが必要だ。その上で自分よりも大きな力にゆだねれば、いつでもそこにある助けを手に入れることができる。

すべてをゆだねれば、ストレスの原因になっている緊張を解きほぐすことができる。人はストレスを感じると、血液の流れが悪くなり、たいてい頭の回転も悪くなる。

すべてをゆだねて、そのストレスから解放されることで、「大きな力」の導きに従うことができる。もちろん「大きな力」に導かれるにも、自分のやるべきことはやらなければならない。

まとめ

問題を解決しようと必死になるほど、ストレスは高まり、頭は回らなくなる。「大きな力」にゆだねることで、思いも寄らない解決策が見えてくる。

14 理想の人生に集中する

最近読んだビジネス雑誌に、こんなことが書いてあった。

「景気が言われているほどいいのなら、なぜみんな気分が落ち込んでいるのか?」

もっともらしい答えはたくさん書いてあった。

たとえば「雇用が国外に流出しているから」「世界情勢が緊迫しているから」「生活コストが上がっているから」――。

しかし、こんなに景気がいいのに、多くの人が幸せになれない理由はひとつしかない。他のすべての理由を合わせたよりも、もっと大きな理由がひとつだけある。

すべての経済指標が良好なのに、多くの人が絶えず不安を抱えながら生きていて、うつ状態の人も記録的に増えている、そのたったひとつの理由とは何か?

もう察しがついているだろう。

その理由とは、私たちの「心の持ち方」だ。**心の持ち方は「何に意識を集中しているか」「自分自身にどんなことを語りかけているか」によって決まる。**

頭の中で考えていることが感情を決め、感情が行動を決め、行動が結果を決める。すべては自分で選んだ思考から始まっている。

悪いことばかり考えている人は気分が落ち込み、その結果どんどん悪いほうへ向かっていく。反対にいいことを見つけようとする人は、すでに自分の周りにあるいいことの存在に気づくようになる。

多くの人が、世の中の悪い面ばかりに注目し、当然の結果として気分が落ち込んでいる。しかし、反対のことを選ぶこともできるのだ。

その気になれば、いいことはたくさん見つかる。**人生のいい面を考え、いい面を自分に語りかけるようにしていれば、いいことがどんどん起こるようになる。**

聖書でも言っているように、「持つ者にはさらに与えられる」のだ。

ある日、私はどうも気分がすぐれなかった。日記帳を開いてうまくいっていることを書いてみたが、三つしかなかった。調子の出ない日はこんなものだ。

しかし、まもなくおもしろいことが起こった。昼までにうまくいっていることがいくつか増えたのだ。そして一日が終わるころには、うまくいっていることのリストが朝の三倍になっていた。

意識を切り替えたので、実際にいいことが起こるようになったのだ。

欲しいものに意識を集中し、実際にうまくいっていることを見つけようとすれば、欲しいものを引き寄せることができる。

何に意識を集中するかは、あなたの選択だ。

どんな世界を経験するかは、自分で選ぶことができる。まずは、自分が人生で何を経験したいのか、それを決めなければならない。

まとめ

あなたの思考が、あなたの感情や行動、結果を決めている。
人生のよい面に注目すれば、さらにいいことを引き寄せることができる。

15
夢の実現方法にこだわらない

これは、夢の実現のために、とても重要な原則である。

あなたには、なんらかのビジョンや目標があるだろうか？

駐車スペースを見つけるというような簡単なことでもいいし、またはもっと大きな目標、たとえば新しい顧客を獲得するといったことでもいい。あるいは、好きな人をデートに誘うといったことや大金を儲けるといったことでもいいだろう。


欲しいものが何であれ、それを手に入れるためのプロセスは基本的に同じだ。

欲しいものを細部まで鮮やかに思い描き、そのビジョンから具体的な目標を決め、その目標を紙に書き、そして思いついた行動を実行に移す。そこまでは問題ない。

しかし残念ながら、ほとんどの人はそこで道を間違えてしまう。

人間とはとかく何かをコントロールしたがる生き物だ。だから「どうやって」夢を実現するかをコントロールしようとする。問題は、そうすると「まだ夢を実現していない」という事実で頭がいっぱいになってしまうことだ。

しかし、「どうやって」の部分に執着しなくなると、無限の力が働き出す。古今東西どんなスピリチュアルな教えでも、欲しいものをお願いしたら、あとは自分がそれをすでに持っていると信じなさいと言っている。聖書にも「祈りの中で何を求めようとも、それをすでに受け取ったと信じれば与えられる」と書いてある。

ここでの大切なメッセージは**「欲しいものをお願いしなさい。そしてそれがすでに実現したと信じなさい」ということだ。**

「自分の持っていないもののことでもがき苦しみなさい」、あるいは「持っていないものに執着しなさい」という教えは、地球上のどこにも存在しない。「まだ実現していないことを心配しなさい」という教えも存在しない。

本当の教えはその逆だ。欲しいものがまだ手に入っていないことばかり考え、それで苦しんだり心配したりしていると、欲しいものをむしろ遠ざけてしまう。

たとえば、あなたの目標がもっと健康的になることだとしよう。

ベストの体型でベストの体調になった自分を思い描き、具体的な数値目標を決め、その目標を達成するための行動プランを立てる。そこまでやったら、あとはただ計画通りに行動するだけだ。

毎朝鏡の前に立って、理想の体型とはほど遠いことを嘆いてはいけない。毎日、体重計に乗って「減った」「増えた」と一喜一憂するのもだめだ。

ただ目標に向かって着実に前進している自分を思い描き、プランを守っていればいい。

潜在意識の力に従っていれば、自然と正しい行動を選ぶようになる。目標達成の助けになるような何かが、自然と自分のほうへ引き寄せられる。リラックスして、執着を捨て、夢の実現までの道のりを楽しもう。

よく若い男女が、好きな人から電話がかかってくるのをやきもきしながら待っている。しかし、電話がないことを考えれば考えるほど、電話がかかってくる可能性は低くなる。

彼らにはそれがわかっていない。

私の知っているビジネスマンでもっとも成功している人たちは、執着を捨てる技術をマスターしている。彼らは、自分のビジネスが最高に成功している姿を思い描き、短期目標と長期目標を決め、それを達成するための具体的な行動プランを立てる。そして、あとはプランどおりの行動を取りながら、直感を研ぎすませるだけだ。

まとめ

「実現していない望み」にこだわると、かえってそれを遠ざけてしまう。必ず実現すると信じて潜在意識の力にゆだね、着実な行動を積み重ねよう。

16 うまくいかない現実を忘れる

月末が目前に迫っている。そんなとき、自分で事業を営む人の多くは、お金のやりくりという問題に直面する。

告白すると、私にとっても、月末のお金のやりくりは、長年の間もっとも自分の「信じる心」が試される問題だった。

しかし、私はどういうわけか、**前向きな気分を保って、最後には必ずどうにかなると信じることができた。**

自信が揺らいだこともたしかにあった。それでも、精神の力について学んだことを思い出し、精神の力で望んだ結果が出せると信じていた。そのおかげで、前向きな姿勢を維持することができた。

私が思うに、多くの人にとって難しいのは、現実を無視して結果に意識を集中することと、まだ実現していないことを考えないように注意することだろう。

もっとわかりやすく説明しよう。

問題に直面したとき、たとえば収入が減ってしまったとき、ほとんどの人は「収入が減った」と考えることに多くのエネルギーを注いでしまう。つまり、欲しい結果とは反対の現実のことを考えているのだ。

ここで、意識を集中しているものが自分のほうに引き寄せられるという法則を思い出そう。収入が減ったという現実ばかりに意識を集中していると、収入減というありがたくない事態をさらに引き寄せてしまう。

現実は無視して、目指す結果だけを考えられるかどうかで、信じる気持ちが試される。

それができれば、あとは執着を捨て、すべてはうまくいくと信じればいい。

私も近ごろ、やっかいな状況に巻き込まれたが、それでも最後にはすべてうまくいくと信じていた。

いつもどおり仕事に励み、適切な行動をとり、欲しい結果だけに意識を集中し、すでに持っているものに対して感謝の気持ちを持ちつづけ、そして、現実は無視していた。

月末を数日後に控えたある日、友人と電話で話しながら、インターネットで自分の銀行口座をチェックした。

すると、どうだろう。パソコンの画面を見て、私は椅子から転がり落ちそうになった。口座に多額の入金があったからだ。

まさに奇跡のような出来事で、私は大喜びした。

気持ちを前向きに保ち、欲しいものに意識を集中し、望まないものを無視していれば、必ずいい結果が待っている。それを心から実感した瞬間だった。

思考の持つ力と、思考が現実を引き寄せる法則について、たとえ私が疑いを持っていたとしても、あの瞬間にすべての疑問が吹き飛んだだろう。

まとめ

厳しい現実に注目すると、さらにその現実を強化し引き寄せてしまう。成功を信じ、感謝の気持ちを忘れず、たんたんとやるべきことを続けることだ。

17

思考が現実を引き寄せることを知る

「思考は物質だ」。あなたもこの言葉を、何度か聞いたことがあるだろう。それを聞いて、たしかにそのとおりとうなずいたかもしれない。この言葉を信じ、自分の思考は物質で、物質だから力を持っているのだと信じているかもしれない。

しかし、この言葉の意味を本当に考えたことはあるだろうか？　この言葉を日々の生活に応用しているだろうか？

そうであることを願っている。なぜなら、**自分の考えること、言葉にすることのすべてが、人生で経験することを決めているからだ。**

人はいろんなことを感じながら毎日を過ごしているが、その感じ方が自分の思考から生まれるということをまったく自覚していない人があまりにも多くて、私はいつもびっくりしてしまう。

自分の現実は、自分自身が作っている。そのときそのときに選んだ思考が、あなたの現実を決めている。自分に対して言った言葉、他の人に対して言った言葉が、あなたがどんな人生を生きるかを決めているのだ。

気分よく目覚めれば、その日は一日いい気分でいられる。

また、紙に書いた自分の目標をじっくり読み、自分の考えること、意図すること、自分や他人に向かって話す言葉に気をつけていれば、高いエネルギーの状態になり、他の高いエネルギーを持つものを引き寄せる。**高いエネルギーを持つのはポジティブなものなので、人生をポジティブな状態に保つことができる。**

だからこそ、朝一番か夜寝る前に、またはその両方で、夢を実現した自分の姿を思い描くのがとても大切なのだ。

まとめ

自分が考えることが、それと似たものを現実に引き寄せる。何を考えるか慎重に選択する必要がある。

18

神聖な導きを信じる

どんな哲学や宗教でも、太古の昔から、人間の役割は「欲しいものをください」とお願いすることだと言っている。

お願いし、それが自分のところにやってくると信じ、与えてもらったことへの感謝の気持ちを示すという形で、それがすでに手に入ったかのようにふるまう。人間にできることは、それだけだ。

どうやって手に入れるかについては考えなくてもいい。むしろ、夢を実現する方法を自分で見つけようとするのは、成功を妨げるもっとも大きな壁だ。

自分だけで解決しようとするのは、人間の悪いクセだ。

神聖な導きはいつでも手を伸ばせば届くところにある。宇宙に浮かぶこの小さな星の上で、人間は孤独に存在しているわけではない。

祈りや瞑想などを通じて、欲しいものを心からお願いすれば、それは与えられることになる。それが自分の身に起こるのを私は何度も経験してきている。

人生のどん底を経験し、自分はもう終わりだと思ったとき
ビジネスで難しい問題に直面し、助けが必要になったとき
または、見知らぬ土地のハイウェーで道に迷ったとき

心から助けを求めるたびに、助けは届けられた。電話が鳴ったり、広告や新聞で何かを見たり、友人が提案をしてくれたりしたのだ。

神聖な導きを注意して探すようになると、意識を集中しているものが自分のもとへ引き寄せられるという法則によって、さらに多くの神聖な導きが見つかるようになる。

まとめ

大きな力にすべてをゆだねてみよう。
確実にストレスがやわらぎ、人生は生きやすくなる。

19

最高の自分を演出する

人生のどん底から立ち直ろうとしていた初期のころ、私に大きな衝撃を与え、ライフワークを見つけるきっかけとなったのがデニス・ウェイトレーの『勝利の心理学』というオーディオ・プログラムだった。

ウェイトレー博士はその中でポジティブなセルフイメージについて解説し、**セルフイメージを高めるひとつのカギは、常に最高の自分を演出する服装を心がけることだと力説していた。**

こんなことは当然のように思えるかもしれないが、この練習は自信の度合いと自分が外界に対して映し出している姿に大きな影響を与えることがわかった。

たしかに「衣装が人をつくるわけではない」とか「本を表紙で判断するな」ということ

わざもあるが、実際にはその反対がたいてい真実である。私たちは人を外見で判断する傾向がある。また、出版業界にいる誰もが「本の表紙は出版に際して最も重要な要素のひとつだ」と主張するはずだ。

人を外見で判断するのは浅薄な感じがするかもしれないが、私たちは意識的にも無意識的にもそうしている。第一印象はそれぐらい大きな意味を持つのだ。相手が最初に気づくのはあなたの外見である。それは人間の本性だから仕方がない。

私たちは初対面から最初の三〇秒で相手についての意見を構築すると言われている。だから常に最高の自分を演出する服装を心がけることが重要なのだ。特に職場ではそうである。

自分の外見に合い、仕事に適したスタイリッシュな服を着よう。自分の外見に注意を払い、清潔でこざっぱりしたヘアスタイルを心がけよう。女性の場合、もし化粧をするなら、それが職場の環境にふさわしいかどうかを確認しよう。

数年前、私たち夫婦は地元の業者に家のリフォームを依頼した。担当者は手入れの行き届いた小型トラックに乗って現れ、アイロンのきいた清潔な服装をして、ユニフォームのシャツのポケットには会社のロゴの刺繍が入っていた。彼の外見から、自信にあふれたプロの業者というイメージが伝わったので、私たちは安心した。

それ以来、彼は何度もわが家の修繕をしてくれた。私たちは家の修繕が必要なときは、ためらうことなく彼に依頼することにしている。

服装に投資しよう。ある生命保険の営業マンは高級スーツを買い、何度かそれを着ると中古品として通販で売却している。そうすることによって、常に新しい高級スーツを着て顧客に好印象を与えることができるという。人々は成功者と取引をしたがるものだ。

最後に、ハリウッドの名プロデューサー、ダリル・ザナックの言葉を肝に銘じよう。

「安っぽいスーツを着ている人と取引をしてはいけない」

まとめ

最高の自分に見える服装やヘアスタイルを研究しよう。服装にはそれなりのお金をかけよう。

20 素早く決断をくだす

若き日のナポレオン・ヒル（成功哲学の大家）は鉄鋼王のアンドリュー・カーネギーを前にして、なぜ自分が世界有数の大富豪に呼び出されたのか不思議に思っていた。

年老いたカーネギーは野心的なジャーナリストのヒル青年に「頼みがあるのだが、興味はあるか？」とたずねた。全米で最も成功している人たちにインタビューをして、なぜそんなに成功したのかを聞き出してほしいというのだ。

さらにカーネギーは「それをするには二〇年ほどかかるが、その仕事に対して謝礼は払わない。ただ、会いたい人物には紹介状を書いてあげよう」と言った。

そして一分以内に返答を求めた。

あなたならどうしただろうか？

ヒルは数秒間その申し出について考え、「お受けします」と答えた。

その瞬間、カーネギーは背中に隠し持っていたストップウォッチを見せた。ヒルが決断をくだすのにどのくらい時間がかかるかを計っていたのだ。もし時間がかかりすぎたら、カーネギーはその申し出を撤回していただろう。

ヒルは人生を変えるような決断を瞬時にくだしたが、それはやがて大勢の人の運命を変えることになった。

ヒルの仕事は『思考は現実化する』（きこ書房）という名著として結実した。一代で巨万の富を築き上げた人を他のどの本よりも多く生み出したとされる本である。

社会の各方面の成功者を研究すれば、**誰もが素早く決断をくだし、そのあとでめったに心変わりしないことに気づくはずだ。**

ところが、あまりにも多くの人が、たとえ小さな決断をくだすときですら迷ってしまい、問題にぶつかるとすぐに心変わりをする。実際、素早く決断できないために、大勢の人が一世一代のチャンスをふいにしてきた。

より成功し、その結果としてより幸せになりたいなら、素早く決断をくだす習慣を身につけよう。

だからといって、中途半端な情報をもとに決断をくだすべきだと言っているのではない。決断をくだす必要に迫られたら、手に入る情報をすべて集めよう。できることなら、信頼できる人とじっくり話し合うといいだろう。瞑想をしながら熟考し、それから決断をくだしてもいい。

しかし、いったん決断をくだしたら、すぐに適切な行動を起こそう。すでに述べたとおり、宇宙はスピードを好むのだ。

あなたがくだす決断はすべて正しいだろうか。たぶんそんなことはない。しかし、全力を尽くしてすべての可能な選択肢を検証し、賢明な人の意見を聞き、直感に従うなら、正しい決断をくだせる確率は飛躍的に高まる。

まとめ

素早く決断をくだそう。

いったん決断をくだしたら、すぐに行動を起こそう。

21
気分が沈んだら体を動かす

二〇年以上も前のことになるが、楽しい気分になるために最も役立つ名言のひとつをアンソニー・ロビンズのセミナーで学んだ。彼は非常に有名なライフコーチで、著書の多くがベストセラーになっている。

それは、**「体の動きは感情の動きに等しい」という言葉だ。**

あなたが落ち込んでいたり少し気が滅入っていたりするなら、体を動かしてみるといい。これが気分を変える最も即効性のある方法だ。

言うまでもないが、気分の落ち込みが一定期間続くなら、医者の診察を受けるべきだ。深刻な状態を軽視してはいけない。しかし、ほとんどの人がときどき経験するのは、うつ病というより「あまりよくない」程度の気分だろう。

たぶんあなたも心と体の関係について聞いたことがあるだろうし、心身医学という新しい分野について知っているかもしれない。私たちの身体的な健康において心がどれくらい大きな役割を果たしているか、科学が明らかにしつつある。

ここで、体の動きは感情の動きと同じだという原理を実証してみよう。少しの間、落ち込んでいるふりをしよう。落ち込んでいるときのように座り、気が滅入っているときのようにひとりごとを言い、憂鬱なときのように頭を抱えてみよう。顔の表情はどうなっているだろうか？

気分はどうだろう？　かなりひどい気分になりつつあるのではないだろうか。今、あなたの精神的・感情的な状態は、あなたの生理機能と同調している。

あなたが取っている姿勢とあなたのひとりごとが自分を落ち込んだ気分にさせているのだ。幸いなことに、その逆も正しい。**ご機嫌で、人生のすべてが理想どおりで、素晴らしい一日を過ごしているときのように座ってみよう。**

たぶん背筋を伸ばして真っすぐ座り、顔には満面の笑みを浮かべていることだろう。人通りの多いところへ行ったら周りの人を見回して、その人たちがどんなふうに振る舞っているか注目してみよう。たいてい姿勢と顔の表情を見るだけで、どんな気分か当てられるだろう。

今度少し気分が沈んでいると感じたら、立ち上がって動き始めよう。散歩に行くのだ。職場の周りや会社が入っているビルの周辺を歩くだけでもいい。向かうところ敵なしと感じていると想像してみよう。そのとき、あなたはどう振る舞っているだろうか？　顔はどんな表情になっているだろうか？

これは単純に聞こえるかもしれないが、うまくいくので実行してみよう。うつ病患者に関する調査では、しばらく笑顔を浮かべて歩き回らせるという簡単なことでも抑うつ状態が改善し、薬の必要性が減ることが明らかになっている。

私たちの心と体は密接に結びついている。一方に影響を与えずに他方を変えることはできない。このことを理解して、この力を自分のためになるように利用する方法を編み出せば、自分の気分をもっとコントロールできるようになるだろう。

興味深いことに、心の健康の指標のひとつは、自分の人生と周囲の環境をどれだけコントロールできていると感じているかである。気分をよくする方法を学ぶことは、人生をよりよくコントロールしていると感じるのに大いに役立つ。

まとめ

落ち込んでいるときと気分のいいとき、表情や振る舞いがどう変わるか試してみよう。気分がよくないときは、歩き回るなど体を動かしてみよう。

22

今すぐ幸福になると決める

アメリカの著名な自己啓発書作家ウェイン・ダイアー博士は、「幸福に至る道はない。幸福が道なのだ」と書いている。この考え方は、仕事であれ私生活であれ、より幸福になるための秘訣だ。

より幸福になる方法は、単に幸福な気持ちでいることだ。自分を幸福にすることを見つけて、それをしよう。自分の思考をコントロールして、いい気分になれることだけをじっくり考えるのだ。

私は幸福というテーマの専門家だと考えられているらしく、マスコミのインタビューで、「なぜ人々は、特に仕事をする上で、もっと幸福になれないのか？」という質問を何度も受けてきた。

これは私のお気に入りの質問のひとつになっている。なぜなら、少なくとも私にとっては答えが極めて明白だからだ。多くの人が仕事をする上でもっと幸福になれない主な理由のひとつは、彼らが時間を割いて、自分を幸福にするのは何かを自問したことがないからなのである。

それどころか多くの人が、感謝の気持ちを持てることよりも、仕事でいやなことや問題だと見なすことに意識を集中するほうを選んでいる。日常生活の中に感謝の気持ちを持てる理由を見つけ出すのは、より幸福になる近道のひとつだ。

自分自身についてよりよい気分になるもうひとつの方法は、他の人のために何かすることだ。ほとんどの人は仲間を助けているときにより幸福を感じると報告しているし、いくつもの調査が、ボランティア活動は全般的な健康水準だけでなく幸福の水準をも引き上げることを示している。

それにもちろん、ボランティア活動に携わることは自分の気分がよくなるのに役立つだけでなく、社会に貢献することにもなる。

単純化しすぎているように聞こえるかもしれないが、本当なのだ。私たちは自分の幸福感を増大させる活動や態度や行動が何かを突きとめるように教えられていないし、それどころかまったくのなりゆきまかせにしている。

私たちはマスコミに洗脳されて、幸福になるためには、仕事で（たいていは誰か他の人によって決められた）一定水準の成功を収めなければならないと信じている。他の人より抜きん出たいと思うことには何の問題もないものの、出世だけでは幸せになれない。このことは、非常に成功しているのに不幸な人が大勢いることを見れば明らかだ。

これは、私が苦労して学ばなければならなかった教訓のひとつだ。私は財産をほとんどすべて失って初めて、**幸福とはいつでも自分で自由に選べるものであることを理解したのである。**

幸運にも私はその後、より多くの財産を得ることができたし、執着せずにそれらを楽しむこともできる。素敵な物をほしがることは悪いことではないが、それはたんなる「モノ」であり、ほんの一瞬いい気分にしてくれるにすぎないことを理解しなければならない。

時間を割いて、自分の幸福を増やしてくれる考え、経験、活動、状況を見極めて、それらをもっと生活に取り入れる方法を見つけ出そう。**何があなたを幸福にするのかについて**

考え、より幸福に感じられる方法を探すのだ。その最も簡単で最もいい方法は、感謝できるものを探すことである。

不幸はたいてい自己憐憫の感情と結びついているので、感謝している状態と自己憐憫は同時には起こりえない。だから、自分が感謝しているものに意識を集中させているときは、無意識のうちにより幸せに感じるようになる。

まとめ

仕事をする上で、何が自分を幸福にするのかを考えてみよう。感謝できるものを探し、他の人のために何かしよう。

23

陰口を言わない

オフィスや店舗、工場など、人々が集まって働く場所では、どんな理由であれ、同僚の陰口を言うことを最大の楽しみにしている人たちがたくさんいるものだ。

陰口は職場の人間関係を台無しにし、士気を下げ、職場環境を悪化させ、優秀な人材の流出にすらつながりかねない。陰口を言うことはその対象となる人の評判をおとしめるだけでなく、それをしている本人にとっても有害である。

なぜ人々が陰口に興じるのかは完全にはわからないが、おそらくそれは彼らの自尊心の不足に関係がある。それと、自分の人生があまりにもつまらないから、他人をけなして憂さ晴らしをしようという心理も働いているのかもしれない。

陰口に関する私の提案は単純明快。陰口を言うな。陰口に興じることを拒否し、**陰口を**

楽しみにしているような人と一緒に過ごしてはいけない。あなたは同僚の陰口を言う人という悪評を立てられたくないはずだ。

もし自分が陰口の標的になったらどうするか。誰かがあなたについて陰口を言っているなら、その人と一対一で話し合うべきだ。その人に対してできるだけ冷静に、自分についての虚偽のうわさを広めることを認めないと告げるといい。もしそれを続けるなら、上司に相談することになると言おう。そして、実際にそうなれば、言ったことを実行すればいい。

同僚が誰かの陰口を言っているのを耳にしたら、そんなことには興味がないとはっきりと言い、自分の仕事に専念しよう。

陰口を言うことは組織人として最悪の行為のひとつなのだ。

まとめ

自分が陰口を言わないのはもちろん、陰口を言う人と一緒に過ごしてはいけない。陰口を言われていたら、その人と一対一で話し合おう。

3章

自分を信じる

24

「人生を変える力」を信じる

ビジネス、人間関係、心の状態、健康状態、教育、お金——人生のさまざまな分野で成功できるかどうかは、昔から伝わる原則を守っているかどうかで決まる。

どんな自己啓発書でも、その基本にあるのは何千年も前から伝わる人生の原則だ。私の書斎にある一九〇〇年代初めに書かれたどの本もみな、同じメッセージを伝えている。

そのメッセージとは、**「人生を変える力は、自分の中にある」というものだ。**

成功とは、シンプルな原則を毎日欠かさずに実行し、少しずつ前進し、やがて目標を達成する日にたどり着くことだ。ひとつの目標を達成したら、次のもっと大きな目標を設定する。そしてまた前進を続ける。

最近、多くの人は近道ばかり探している。しかし、成功に近道などは存在しない。もし「成功の近道」を売りつけようとする人に出会ったら、真っ先に逃げ出そう。彼らは二一世紀版の「ガマの油売り」だ。

成功とは、自分の欲しいものに集中し、地道に努力を続けることだ。このシンプルな原則を守っていれば、目標を達成して素晴らしい人生を送ることができるだろう。

私は自分の言葉が事実だと知っている。なぜなら、私自身が生きた証拠だからだ。現在の私は非常に恵まれた人生を送り、さらに成長を続けている。

成功のいちばん大きな秘密は、人生を変える力は自分の中にあるということだ。それを忘れてはいけない。

まとめ

人生のすべての面で成長したいと思うのは、人間の自然な欲求だ。自分を信じ、自分の心に忠実に夢を実現しよう。

25
「アクセル・ブレーキ現象」に気をつける

欲しいものを自分のほうに引き寄せるためには、まず目標を決め、それを宣言し、紙に書く必要がある。ここまではいいのだが、そこで困ったことが起こる。**人間には、目標を決めたとたん、自分にネガティブなことを言い聞かせてしまう傾向があるからだ。**

「私は○○が欲しい」と宣言したとたんに「でも手に入るはずがない」という後ろ向きな考えが浮かぶ。

こんな経験は誰にでもあるだろう。「あの人とデートしたい」と考えたとたんに、自分なんかとデートしてくれるわけがないと思う。そして、誘っても無駄だという結論を出してしまう。

欲しいものを宣言した直後に、できないのではないかと疑問を抱いて、自分にブレーキをかけてしまうのだ。

たとえば「顧客を二人増やしたい」と宣言する。ここまでは問題ない。毎日その目標について考え、それが実現したときの感覚を思い描いていれば、目標の実現につながるアイデアが浮かんで、本当に実現する道が自然と開けてくる。

ところが、たいていはそううまくいかない。それは、望みが潜在意識に刷り込まれる前に、疑いがむくむくと頭をもたげ、心の中でこんなことを言い出すからだ。

「でも、そんなことができるわけがない。宣伝に回すお金なんてまるでないんだから」

これが、「アクセル・ブレーキ現象」だ。

アクセルを踏みながらブレーキを踏んでいてはどこへも行けない。 あなたは、ただ自分の欲しいものに意識を集中するだけでいいのだ。

まとめ

目標を実現できない理由を数え上げてはいけない。
目標に集中していれば、実現する道はいつか必ず見つかる。

26

成功するまでは成功しているふりをする

「成功するまでは成功しているふりをする」というテクニックがある。

これは、現実から目を背けるということではない。ただ「自分は成功している」と考えるようにするということだ。

自分の成功を思い描こう。あなたがセールスマンなら、セールスを成功させて目標を達成している自分の姿を心の目ではっきり見よう。**「自分は成功している」と何度も自分に言い聞かせよう。毎日、紙にも書こう。**

もちろん、成功に必要な行動を積み重ねることも重要だ。「行動のともなわない信仰は死んでいる」という言葉を忘れないように。

セールスの電話をする前に、セールスを成功させる自分を頭の中に思い描くようにしよう。俳優やアスリートがするイメージトレーニングと同じことだ。「私は優秀なセールスマンだ」と自分に言い聞かせよう。それを何度も繰り返そう。セールスがうまくいった瞬間を心の目で見て、成功の感覚を肌で感じよう。

その成果に、あなたはきっと驚くだろう。

私の言葉を読んで、そういうものかと思うだけでは意味がない。**実際に自分でやってみよう。失うものは何もなく、成功すればすべてが手に入る。**

心から信じていることは達成できる。何千年も前からそう言われてきた。ずっと昔に植えつけられた「できない」という思い込みのせいで、身動きが取れなくなってしまってはいけない。自分を縛る見えないロープをほどこう。

まとめ

あなたには最高の人生を生きる価値がある。成功した姿を思い描き、その通りに行動すれば、それはいつか現実になる。

27

情熱を取り戻す

近ごろ、私は妙な状況におちいった。何が問題なのかはっきりしないのだが、泥の中を歩いているような行きづまりを感じたのだ。

現状を分析してみると、本当に好きなこと、自分で天職だと思っていることから離れ、いろいろなことに手を出しすぎていることが原因だとわかった。

私は「情熱」ではなく「収入」を追い求めていたのだ。それは本当の目的とは違うと心ではわかっていても、誘惑に勝てなかった。

実は過去にも同じような経験があるのだが、それで収入が増えたことなど一度もない。ただ忙しく動き回って、時間を無駄にしただけだった。

そこで私は、自分が本当に望んでいることは何なのか、落ち着いてじっくり考えてみることにした。

答えはいつでも決まっている。それは「文章を書くこと」と「人前で話すこと」だ。神様が私を最低の生活から救いだしてくださったのは、「自分の経験で学んだことを活用して他の人を助けなさい」というメッセージだったと私は信じている。本を出版しセミナーを開催することが、その手段だ。

自分の本当の目的、本当に情熱を持っていることを再確認し、それに全力で取り組む決意をすると、おもしろいことが起こりはじめた。チャンスの扉が開き、セミナーの依頼が次々と舞い込むようになったのだ。

私が特に興味を持っていたのは、子供とその親たちを対象にしたスピーチだ。子供は元気の出るメッセージを必要としていて、私はそれを伝えることができると強く感じていた。そう決心したとたん、高校でのスピーチの依頼が舞い込んだのだ。

あなたの忘れてしまった情熱は何だろうか？　もしかしたらそれは友情や恋愛といった人間関係かもしれない。近ごろその関係に身を入れてなかったのでは？　なりゆきにまかせておけば大丈夫と、高をくくってはいないだろうか？

キャリアやビジネスではどうだろう。始めたばかりのころの情熱をまだ持っているだろうか？　または現状にすっかり満足し、惰性で仕事をしているだけだろうか？　それとも、成功は他の場所にあると考えて情熱を捨ててしまっただろうか？

ラッセル・コンウェルの著書『あなたの宝はどこにある？』（小社刊）に、こんな男が登場する。

男は自分の農場を捨て、ダイヤモンドを探す旅に出た。何年も探したが、ダイヤはついに見つからなかった。しかし、その男から農場を買った人が、その農場にダイヤモンドが埋まっていることを発見した――。

ときに探し物は、文字通り「自分の裏庭」で見つかるのだ。

- あなたの情熱は何だろう？
- ずっと前から強い思い入れを持っているものは？
- そもそも、なぜそれが欲しいのか？
- 何があなたを駆り立てるのか？

- **それをすると、どんな気分になるか？**
- **情熱を取り戻すにはどうしたらいいか？**
- **今できることは何か？**

あなたの情熱を向ける対象は何だろうか？　ときおり振り返ってみてほしい。情熱を取り戻すきっかけになるだろう。

まとめ

心からの情熱に従う以外に成功の道はない。
それは身近なところで見つかるはずだ。

28

成功の障害を見抜く

「○○さえ持っていたら、自分も成功できるのに」。あなたは、そんなふうに思ったことがないだろうか？　どうしてもかなえたい夢があるのに、どうにもできない障害のせいであきらめていないだろうか？

その障害は誰の障害だろうか？　自分の頭の中で作られた障害なのか、それとも誰か他の人があなたの頭に植えつけた障害なのか？

そもそも、そんな障害は本当に存在するのだろうか？

セミナーやコーチングの仕事をしていると、自分と夢との間に壁を築いてしまっている人をよく見かける。**興味深いのは、その障害は本人の頭の中にしか存在しないということだ。**しかも、他の誰かに植えつけられたものである場合が少なくない。たいていは友人や家族がよかれと思ってやったことだ。その障害を取り除けば、夢の実現に向かって歩きだすことができる。

成功を妨げる障害を取り除くひとつの方法は、質問の力を活用することだ。たとえば、こんな質問だ。

「夢を実現するには、次に何をすればいいだろうか？」

私たちはしばしば自分で大きな壁を築いてしまう。自分で自分の進歩を妨げ、成功を遠ざけてしまう。しかし、例にあげたような質問で、障害にぶつからずに目標を達成する方法を考えだすことができる。身動きのできない状態を抜け出し、夢に向かって前進していくことができるのだ。

まとめ

あなたの夢の実現の障害となっているのは何だろうか？
それは他人に植えつけられた思い込みではないだろうか？

29
鮮やかに望みを思い描く

天才科学者のアインシュタインは、「知識よりも想像力のほうが大切だ」と言った。

この言葉を表面的に受け取るのは、とても簡単だ。

「そうだね、知識よりも想像力のほうがたしかに大切だよ」と賛同し、あとはいつもどおりの毎日を送る。

しかし、この偉大な頭脳の持ち主が言った言葉をもう少し深く掘り下げてみよう。すると、非常に力強いメッセージが見えてくる。


想像力とは、自分の望みを鮮やかに思い描く能力のことだ。

創造のプロセスでもっとも大切なのは「自分の望みを思い描く能力」、つまり想像力を発揮することだ。アインシュタインが言いたかったのは、そういうことだと私は信じている。それに、このように解釈するのは理にかなっている。多くの宗教や哲学が大昔からこの原則を唱えているからだ。

自分が望むものを鮮やかに思い描けば、潜在意識がそれを現実にしてくれる。これは新説でもなんでもない。

目標を達成するには知識も必要なのではないか？

もちろん、どんな望みでも目標でも、達成するには知識が必要だ。しかし――ここが肝心なところだ――、その知識は、自分の知識でなくてもかまわない。

理想の状態を想像すれば、その状態になるために必要なものは、すべてあなたのもとへ引き寄せられる。知識もそれは同じだ。

出会った人が偶然にも、あなたが必要な専門知識を持っている。

知りたいことが学べるセミナーや講座の広告を見つける。

本屋でぶらぶらしていたら、必要な知識が書いてある本が目にとまる。

――こういう形で、必要な知識があなたのもとに引き寄せられるのだ。

知識がないからといってあきらめてはいけない。「求めよ、さらば与えられん」と聖書に書いてあるとおりだ。「自分でなんとかしなさい」とは書いていない。

あなたはただ、自分の欲しいものは何なのか、それがはっきりわかっているだけでいい。**望みを実現した自分の姿を思い描く時間を毎日の生活に取り入れてみよう。**あとはただ、チャンスを見逃さないように気をつけていればいい。

大実業家アンドリュー・カーネギーは「私は鉄鋼の作り方も売り方も知らない」と言ったと伝えられている。それでも彼は当時最大の鉄鋼会社を築きあげた。カーネギーが知っていたのは「自分の望み」だ。彼は自分の望みがはっきりとわかっていたから、望みを実現するのに必要な人を自分のもとに引き寄せたのである。

自分一人だけの力で成功した人は存在しない。成功とは、チームスポーツなのだ。

まとめ

知識がないからといってすぐにあきらめてはいけない。
自分の望みがわかっていれば、それを手に入れる方法は必ず見つかる。

30 自分にとっての価値基準を見つける

自分にとって大切なことが手に入っていると感じるには、何が必要だろうか？

たとえば、他者からの評価を重視しているとしよう。

自分の行為が評価されていると思うためには、チームメンバーの前でほめてほしい人もいれば、「よくやった」というメールをもらうだけでいい人もいる。

相手の基準、特に身近な人たちの基準がわかっていれば、うまくコミュニケーションをとり、良好な関係を築けるのだ。


まず、自分にとっての価値基準について考えよう。

自分が望む状況になりやすくするには、そのためのハードルを下げればいい。たとえば幸せになりたいなら、「毎日生きていれば幸せ」というように、幸せの基準を容易にするのだ。

そうすれば、いつでも幸せを感じられる。幸せになるための条件が多すぎると、実現がほぼ不可能になり、不幸な人生を過ごす結果になる。


逆に言えば、**自分にとっての失敗の基準は実現しにくい内容、あるいは実現不可能なものにすればいい。**

私にとっての失敗の基準は、「完全降伏」である。


だが、何かをして行き詰まったとしても、まったくお手上げにはならないものだ。だから私は実質的には失敗しないのである。

たしかに私は挫折も経験してきたし、いつも計画どおりに進むわけではないが、いかなる結果になっても、どんな経験からも学ぶものがあると信じている。

だから、失敗と思えるような数々の局面も有益な経験にすることができた。


ずっと以前のことだが、私はひどい生活習慣の影響で精神的、肉体的、経済的に破綻し、病院のベッドの上で目覚めた経験がある。

もう自分の人生は終わりだと思った。

しかし実際は、それが最高の出来事だったのだ。

それまでの悲惨な生活を抜け出し、今の仕事を始めるきっかけになったのだから。

もしそこまで最悪の状況にならなければ、人に助けを求めることはできず、精神的に再起できず、多くの人の人生にかかわる仕事もできなかっただろう。

私の著書や講演が好評を得ている大きな理由は、つらい時期を乗り越えた経験が共感を呼び、有言実行を信条としているからである。

自分が書いた内容はすべて実践し、よりよい人生を追い求めているからなのだ。

まとめ

自分にとって大切なことトップ5の横に、それらを実感するための基準を書いてみよう。

自分にとっての「失敗」の基準を実現不可能なものとして書いてみよう。

31 優先課題を絞り込む

やるべきことを全部こなそうとして、ストレスを感じている人が非常に多い。勤務時間は長く、延々と続く会議に出席し、複数のプロジェクトを抱え（それぞれがストレスになる）、膨大な量のメールをチェックし、もう限界に達しようとしている。しかしその一方で、すべてをこなしても余裕がある人たちがいるのも事実だ。この違いはどこから来るのだろうか？

かつて私もそうだったが、定期的に運動する時間を確保していない人が多い。いくら毎日やるべきことがあっても、運動は大切であり、自分のためにできる最優先事項だ。

私の友人の一人は、依頼の絶えない多忙な弁護士でありながら、ほぼ毎日運動の時間を確保していた。ほかにやるべきことを抱えているにもかかわらず、どうやって時間を見つけているのか聞いてみた。

すると「運動を優先課題のトップ3にしているんだ」というシンプルな答えが返ってきた。**成功の秘訣は優先順位の設定だったのだ！　しかもトップではなく、トップ3だ。**

忙しい人は、一日にやるべきことが多すぎる傾向がある。そのため、限られた時間で不可能なことをやろうとして疲れ切っているのだ。

成果を上げている人を検証してみよう。その日の優先課題をせいぜい五つ程度にまで絞り込んでリストアップし、それらを先に終わらせているはずだ。いくつもリストアップして完了できず、イライラするようなことはしないのである。

私の場合、週に一度、友人と互いにコーチングを行い、それぞれの目標達成に何が必要かを考えるようにしている。そのとき必ず、次週までにやっておくことを約束する。

相互のコーチングには、自分が責任を持ってやりとげることを相手に約束するという大きなメリットがある。

私と彼は、成功に向かって少なくとも三つの約束をすることにしている。

余裕を持ち、気分もよく、ストレスを感じない生活がしたい人は、**自分の目標達成のために最も重要な三～五項目をリストアップし、まずそれらを終わらせる習慣をつけよう。**それらが終わるまで他のことをしてはいけない。

とてもシンプルなことだが、これは成功への近道となる。自分の将来のために本当に必要なことから対処するのだ。

毎日欠かさず、手帳やタブレットやパソコンに最優先の五項目を書き出してみよう。それらをまず終わらせれば、生産性は飛躍的に向上するはずだ。

ブライアン・トレーシーの著書『カエルを食べてしまえ!』(ダイヤモンド社)にはこんな秘訣も書いてあった。まず自分がやりたくない仕事を一つやってしまうのだそうだ。そうすれば力がわき、その他の仕事をやる気になるという。実に素晴らしい方法だ。

まとめ

一日のうちで最重要な仕事を五項目以下に絞り込み、それから着手しよう。そのうちでもやりたくない仕事を最初に一つやってしまおう。

32

前向きな考え方をする

あなたの職場の給湯室ではどんな会話が交わされているだろうか？　たいてい後ろ向きの愚痴ばかりだと思う。

「うんざりする仕事ばかり」とか「なぜ休憩もできないの？」という不平不満が延々と続くのだ。

どんなときでも、明確で簡潔な想像が強い力を持つ。手始めに、朝一番から前向きな想像をして、一日を気分よくスタートしてみよう。

たとえば**「今日はどんな嬉しいことが待っているだろうか？」「どんなことに感謝できるだろうか？」と考えるだけで、いつもより前向きな気持ちで一日のスタートを切ることができる。**

ところが逆に「なぜ今日は仕事に行かなければならないのか?」「なぜ早起きしなければならないのか?」と気力が失せるようなことを考える人が多すぎる。せっかくの一日の始まりが台無しで、浮かない気分になるだけだ。

後ろ向きの自分から抜け出したい、人生や仕事を楽しんで生産性を高めたいと思うなら、まず考え方を変えよう。

人間は、頭の中で「○○はどうだろうか?」と考え、その答えを導き出そうとする生き物だ。前向きな考え方を習得すれば、気分が高揚し、プロジェクトでの成功も増えていく。「どうすればもっとうまく、効率的にできるだろうか?」「この状況の何がうまくいっているだろうか?」など、意欲的で前向きな問題設定をする習慣を身につけよう。

いつも前向きな問題設定をしていれば、頭の中の自問自答もうまく進み、どんな状況でも気持ちが楽になる。

たとえば、営業スタッフとして毎月三人の新規顧客を獲得しなければならないとすると、「顧客を一二人増やすには、今月何をすればいいだろうか?」と考える。すると新規顧客の獲得目標が三人の場合とは、まったく違うアイデアが浮かんでくるはずだ。

個人や企業が前向きに大きく考えず、小さな結果しか残せないのはよくない。

私が初めて著書を出版したときにじっくり考えたのは、「ミリオンセラーにするために何ができるか？」だった。

同じジャンルの書籍の平均販売部数が数千冊で、しかも当時の私は書籍の販売について何も知らなかったことを考えれば、大胆すぎる発想である。

だが振り返ってみれば、おかげで書籍のマーケティングを違う視点からとらえ、常識からかけ離れた行動をすることになったので、きわめて賢明な判断だったといえる。

結果は？　初めての著書の販売部数は一〇〇万部を上回り、一気に名前を知られる存在になった。執筆活動の始まりである。

あなたも「今の上司の役職に昇進するには、何をすればいいだろうか？」ではなく、**「さらに三段階上を目指すには、何をすべきだろうか？」と考えよう。**必然的にまったく違う答えが見つかるはずだ。

まとめ

前向きな問題設定をして、一日のスタートを切ろう。抱えている仕事上の課題について、大きく前向きな目標を立てよう。

33 一日をエネルギッシュに過ごす

心から幸せを感じ、生産的な生活や成功を手に入れるためには、精神的にも肉体的にもタフでなければならない。ところが多くの人は、一日をなんとか過ごすだけでも多大なエネルギーを必要としている。典型的なライフスタイルを検証してみると、その背景が見えてくる。

まず、目覚まし時計に驚いて目覚めるが、かなり寝不足である。もっと寝ていたいと毎朝のように思う。

あわただしく自宅からファストフード店に向かい、コーヒーなどのカフェイン入りの飲み物と糖質たっぷりのドーナツなどを買って食べる。無理やり血糖値を上げるためである。しかし、糖分を大量に摂取したため、ぼんやりしてしまう（言うまでもなく、そのような食習慣を続けると肥満や糖尿病になりかねない)。

職場までの車内では、その日の仕事が気になり始める。たいてい時間どおりに出発していないから、遅刻も心配になってくる。

すでに危険なストレスレベルだが、まだ会社に到着すらしていない。

出社してからは、なんとか昼休みまで過ごす。昼休み中は、会社や仕事、世間全般に対する愚痴をマイナス思考の同僚と語り合うこともある。


極端すぎる話に聞こえるかもしれないが、これが一般的な会社員の日常だ。ちょっとした違いはあっても、同じような一日を終え、疲れ果ててベッドに倒れ込む。その前にテレビで深夜のニュース番組を見るのだが、その日に起きた凶悪事件のおすそわけをもらうだけだ。多くの人が燃え尽き、不満を持ち、落ち込み、思っている以上に早く老化が進むのも無理はない。

そこで、そのようなパターンから脱出し、気分がよくなり、エネルギッシュな一日を過ごすためのアドバイスをしよう。

・十分な睡眠時間を確保する。一般的には六～七時間の睡眠が必要とされている。
・ぐっすり眠るためには、夕方以降のカフェイン摂取は避ける。
・高タンパクの朝食を心がけ、体が動き出すために必要な栄養素を補給する。
・ベッドから起きるときは、「今日はどんなことに感謝できるだろう？」「今日はどんな嬉しいことが待っているだろう？」という前向きなことを考える。気分が前向きになるだけでなく、次々と前向きな考えが浮かんでくる。
・十分な時間の余裕を持って出勤する。早く会社に着けば、落ち着いて仕事を始められる。
・どんな会社にもある後ろ向きの会話には、できるだけ加わらないようにする。
・ニュースをチェックするなら、早めの時間帯を選ぶ。不快感を寝るときまで引きずらないように気をつける。

これらの**比較的簡単なライフスタイルの変化だけで、エネルギーがみなぎり、職場や家庭で快適に過ごせるようになるはずだ。**

まとめ

現在の自分の典型的な一日のライフスタイルを振り返ってみよう。
この項でのアドバイスを参考に、すぐできることから実行しよう。

34 生涯を通じて学習を続ける

どんな職業であれ成功している人々を調べれば、彼らが継続的に学習していて、熱心な読書家であることがわかるだろう。

私が今までに出会った成功者はみな、日常的に多くの本を読んでいる。彼らは頻繁にさまざまなセミナーに参加しているが、セミナーでは新しい知識を得られるだけでなく、成功している人々に出会ってネットワークをつくることもできるのである。

世界中の最も成功している企業の多くでは、社員に読書を奨励している。これらの企業は、社員が自分の教養を高めることに励むほど、会社の業績も上がることを知っているのだ。**成功する人生を送りたいなら、良書を日常的に読む習慣をつけよう。**

学校で学んだ知識は出発点にすぎず、それがあなたを未来に連れて行ってくれることはない。あなたが仕事でどこまで行けるか、どこまで高く昇れるかを決めるのは、何十年も前に学校で教わったことではなく、ふだんの学習から得る知識なのだ。これが、学校教育をわずかしか受けていなくても、公私にわたって大きな成功を収めている人がいる理由のひとつなのである。

今すぐ一日に一〇分から一五分は本を読む決心をしよう。毎月、本を一冊以上読もう。セミナーに参加したりポッドキャストを利用したりして継続的にスキルを磨こう。

まとめ

毎日、読書をする習慣をつけよう。
自分の仕事のスキルに関するセミナーを探して参加しよう。

4章

豊かさに心を開く

35

お金にポジティブなイメージを持つ

あなたは「富」についてどんな思い込みがあるだろう？

自分はどれくらいのお金を持てると思っているだろう？

富を手に入れた人のことはどう思っているだろう？

自分とは違う「特別な」人たちだと思っていないだろうか？

私は、小さいころからお金持ちは「違う人種」だと言われて育ってきた。そのせいで、お金持ちは自分には縁のない人たちだと思っていた。


子供のころのお金の体験が、大人になってからのお金に対する考え方を決める。

お金の心配のない人生を送りたいのなら、または、もっと大胆にお金持ちを目指すなら、**まずお金や富に対してポジティブなイメージを持つ必要がある。**つまり、お金持ちは「違う人種」ではなく、自分もお金持ちの「一員」だと考える必要があるのだ。

人生で何かを達成したいと思ったら、その秘訣は「なる・する・持つ」の三ステップだ。

まず、頭の中で、自分が理想としている豊かで成功している人に「なる」。

次に、その理想の人物だったらするであろうことを「する」。

そうしたら、いずれ欲しいものを「持つ」ことができる。

ほとんどの人が、これとは逆に考えている。まずお金を手に入れることが先決で、お金があれば、善行を施して、理想の人になれるのだと思っている。

しかし、それは違うのだ。**まず理想の人になって、理想の人がすることをして、そうすれば欲しいものが手に入る。**

この原則は、お金だけでなくすべての状況に当てはまる。

まとめ

望みどおりの資産を築いているとしたら、あなたはどんな人になるだろう？
その人だったら、どんなことをするだろう？

36

理想の経済状態を確認する

あなたの現在の収入はいくらだろうか？

ここでもまた、出発地点がどのレベルであるかはそれほど重要ではないということを覚えておこう。現在の収入は、ただの目安だ。

目指す収入の額は、現在の収入の一割アップにとどめるようにとアドバイスする専門家もいるが、私はその意見に賛成しない。私自身も収入を一割以上増やしたことがあるし、他にも数えきれないぐらい多くの人が同じことを達成したのを実際にこの目で見てきた。

・あなたの現在の収入はいくらか？
・今から一年か二年後に、どれくらいの収入になることを望んでいるか？
・あなたの目的地はどこか？

・**理想の経済状態だったら、自分はどんな人生を送っているか？**
・**欲しいだけのお金を持っているというのは、どんな気分だろうか？**
・**あなたにとって、理想の人生とはどのようなものか？**

とりあえず今のところは、現在地と目的地がどれくらい離れているか、だいたいのところがわかっていればいい。
旅行でも人生でも、目的地がわからなければ、そこにたどり着くことはできない。『不思議の国のアリス』に登場するチェシャ猫が言っているように、「自分がどこへ行くかわからなかったら、どんな道を通ってもどこへも行けない」のだ。

まとめ

どんな経済状態が望みだろうか？　お金とどんな関係を持ちたいだろうか？
最初に、お金についての目的地をはっきりイメージしよう。

37

収入を増やす可能性を考える

もっと経済的に楽になりたいのなら、そしてお金があれば手に入るもの（たとえば自由や素晴らしい体験）がもっと欲しいのなら、それを達成する道はこれしかない。

「収入を増やす」か「支出を減らす」かである。

収入と支出の両方に注意することはとても大切だ。

私はなにも「ケチケチしなさい。ぜいたくは一切禁止だ」と言っているわけではない。

そんな人生は悲しすぎる。

私がフィナンシャルアドバイザーのスージー・オーマンに同意できないのは、この点だ。

一般の人にお金の知識を教えた彼女の功績は素晴らしいと思っているが、この点だけは同意できない。

私は高級レストランで食事をするのが好きだ。飛行機のファーストクラス、高級車、高級な服、豊かな暮らしも好きだ。だから私の目標は昔からずっと、理想の人生を送るために収入を増やすことだった。

- **自分は世の中に対してどんな貢献ができるか？**
- **人がお金を払ってくれるような貢献はできるか？**
- **自分の才能やスキルを使って副業はできるか？**
- **他の人がお金を払ってでも教わりたいと思う特別な知識を持っているか？**

以上は、収入を増やす方法のほんの一部だ。家計の心配から解放される道は、本当にたくさんある。

まとめ

収入を増やす方法は無数にある。
自分自身の可能性を注意深く見直してみよう。

38

「コントロールできること」に集中する

モノの値段の大部分は、自分で決めることはできない。

この現実はフェアではない。だが、現実は現実だ。

誰かが言っていたように、「自分はいい人間だからフェアな扱いを受けて当たり前だと考えるのは、猛牛が菜食主義者を襲わないと考えるのと同じだ」ということだ。

モノの値段は決められなくても、**周囲の状況が自分に与える影響なら、自分で変えられる**。被害者でいるのをやめ、自分の力を取り戻し、運命を切り開こう。

これはもちろん簡単ではない。しかし、人生を自分でコントロールしていると感じるためには、とても大切なことだ。コントロールしているという感覚は、幸福感に大きな影響を与える。

被害者でいるのをやめるためには、周りの状況に関係なく収入をコントロールできると信じることが必要になる。そして、自分にはどうにもできないことについて文句を言うのをやめなくてはならない。

たしかに物価は上がっている。しかし、それは誰もどうすることもできない。しかし私は、物価の上昇が自分に与える影響ならコントロールできる。

毎月の収入が決まっている人はどうだろう？

給料や年金などで毎月の収入が決まっているのなら、収入を増やす道を見つけるか、決まった収入でやりくりしなければならない。悲しいけれど、これが事実だ。

私自身は、過去に十分なお金がない状態をいやというほど経験したので、もう被害者でいるのはこりごりだと思っている。それで、**自分の収入をコントロールして、政府や大企業の動向に左右されずに生きる道を選んだ。**

私のセミナーにはさまざまな人が参加する。中には経済状態が思わしくない人もいる。

私もかつてはそうだったので、彼らの気持ちは痛いほどわかる。

そのような人たちの問題は、頭の中で「自分対彼ら」という対立構造を作ってしまうことだ。この考え方では「彼ら」が変わらない限り、自分も変われないことになる。


人生に責任を持たなければ、今いる場所に閉じこめられたままだ。**状況を変える力を手に入れるためには、まず周りの状況に振り回されないと決意しなければならない。**

政府や会社、配偶者などのせいで自分が行き詰まっていると感じていたら、「彼ら」が変わるまでは、自分も変わることができない。特に相手が政府や会社だったら、あなたのために変わってくれることはまずないだろう。

しかし、**自分の人生に責任を持てば、その瞬間から状況を自分の手で変える力を手に入れることができる。**

この事実に気づいたとき、本当に目の前の霧が晴れたような思いがした。私は人生をコントロールする力を取り戻したのである。

あなたが今どんな状況にあっても、必ずそれを変えることができるのだ。ただ、人生に責任を持とうとさえすれば。

どんな世界でも、収入を増やす方法は無数にある。インターネットひとつを取ってみても、経済状態を安定させる方法はたくさん見つかるだろう。私の知っているアジア人の若者は、電子ブックのアイデアひとつで、わずか二カ月の間に大金を稼いだ。

大切な質問はこうである。

「この先も不平を言いながら苦しい生活を続けていくか？　それとも、自分の状況を変えるために立ち上がり、実際に変えるまでがんばり抜くか？」

まとめ

誰かのせいでうまくいかないと感じているかぎり、どうにもならない。自分の人生に責任を持つことが、経済的な自由を手に入れる第一歩だ。

39

目標金額を手帳に書く

すべての人がお金持ちを目指す必要はない。どのゲームに参加するかは自分で選ぶことができる。「金持ちになろう！」の大合唱に加わる前に、大金を稼ぐためのコストを考え、自分が本当にそれを望んでいるかどうかを確認することが大切だ。

億万長者になりたい人であれ、毎月の収入をもう少し増やしたい人であれ、その望みをかなえることができる。まずは、自分が目指す場所を決めよう。

あなたにとって、いくらあれば十分なのか？　どのくらいの収入があればワクワクできるか？　それを考えよう。あなたをその気にさせる金額はいくらだろうか？

現在の収入はまちまちだし、ワクワクする金額も人によってまったく違う。年収二万五〇〇〇ドルでずっとやってきた人なら、年収一〇万ドルはかなり魅力的だ。しかし、年収九万ドルの人にとっては、一〇万ドルに増えたところで大した違いは感じられない。

あなたにとっての「魔法の数字」はいくらだろうか？　**その数字を「目標」として手帳に書き込もう。**

目標には大きな力がある。「自分はこれを目指している」と宇宙に向かって宣言することになるからだ。言葉にもエネルギーがあるのだ。


手帳に書く内容は、たとえばこんなふうになる。

「私は、無理なくやすやすと、年収〇〇ドルを達成することを目指す」

現在の収入と目標までのギャップは、ただの目安にすぎないことを忘れてはいけない。貧困状態から短期間で億万長者になることも可能なのだ。実際にそれを達成した人はたくさんいる。もし本当にそれを望むなら。

まとめ

必要以上の大金を稼ぐことを目標にする必要はない。

あなたが本当に望む収入はどの程度だろうか？

40 複数の収入源を持つ

私のニューヨークでの子供時代、テレビで見られるチャンネルは七つだった。当時はそれで十分だった。

ケーブルテレビの料金が払えなかったカリフォルニア時代は、見られるチャンネルはひとつだけだった。当時は、言ってみれば必要最低限しかない状態だった。

現在のわが家はケーブルテレビに加入しているので、全部のチャンネルなんてとても見切れない。子供のころに見た番組を再放送しているチャンネルすらある。

考えてみれば、この話は収入に対する考え方の説明でも使えそうだ。

収入のチャンネルはひとつだけという人が、社会の大半を占めている。それは会社員にとっては会社の仕事で、ビジネス所有者にとってはひとつの事業だったり、ひとつのマーケティング手法だったりする。

収入のチャンネルがひとつしかないのは、実はかなり危険な状態だ。

明日会社に行って、あなたの仕事はもうありませんと言われたらどうするか？

そういうことは、十分に起こりうる。

会社がどんどん社員を減らし、ついには会社自体がなくなってしまうこともある。企業合併が余剰人員を生む。中小企業は取引先の倒産で自分も倒産してしまう。

現在の状況に関係なく、誰でも収入のチャンネルを増やすことができる。収入のチャンネルを増やせば、経済状態がよくなるだけでなく、安心感も手に入れることができる。お金が入ってくるチャンネルが複数あれば、ひとつの流れが悪くなっても、まだ他のチャンネルから収入を得られるからだ。

まとめ

収入源がひとつしかないというのは危険な状態だ。
複数の収入のチャンネルを持つ可能性を考えてみよう。

41

「お金か心か」で悩まない

多くの人、特に「心の豊かさ」を大切にして生きようと決めた人にとってやっかいな問題は、「精神的な豊かさ」を選ぶか、それとも「物質的な豊かさ」を選ぶかという葛藤ではないだろうか。

私もかつては、多くの人と同じように**「物質的な豊かさ」は「精神的な豊かさ」の妨げになると思っていた。だがその考え方は、ある貴重な体験をきっかけに変化した。**

以前、私はヨガを習っていた。当時、私はある友人を介して、コネチカット州の国際ヨガ協会の週末道場に参加する機会に恵まれた。

あれは素晴らしい週末だった。

一〇〇人以上もの「心の豊かさ」を追求する人たちに囲まれながら、講義を受け、瞑想をし、チャントを唱え、森の中を静かに歩いた。

週末道場の朝、私たちは数人でヨガ協会のビルの前に立って、リーダーであるスワミ・サチダナンダ師を待っていた（師は傑出した人物だ。真に悟りを開いた人物の一人だと私は信じている）。

師が乗った大きな黒のリムジンを見たとき、私は初めて、「精神的な豊かさ」と「物質的な豊かさ」の関係を理解した。

師はリムジンから降りると、建物に入る前に、近くにいた小さな子供たちと遊びはじめた。それを見て私は気がついた。

師はリムジンを必要としていないし、もちろん要求もしていないのだが、それを敬愛のしるしとして差し出されたときに、ただお礼を言って受け取ったのだろう。この偉大な人物は、「いや、私は精神的な人間だから、リムジンはいらない。歩くかバスを利用する」とは言わなかった。

師にとって、リムジンは単なる乗り物だ。ひとつの移動手段にすぎない（かなりぜいたくな移動手段ではあるが)。だから師は、それをありがたく受け取ったのだ。

あれは私にとって「執着しない」という姿勢を見事に示した教訓だった。私たちは、物質に執着することなく、人生で物質的な豊かさを楽しむことができる。

ぜいたくを楽しむことは「精神的な豊かさ」と矛盾しないし、「物質的な豊かさ」にあふれた人生を求めるのは、悪いことでもなんでもない。

実際、どんな社会でも、チャリティーやNPOに寄付するのは、お金をたくさん持っている人たちだ。それにビジネスで成功した人は、多くの人に仕事を提供している。彼らは社会に貢献しているのだ。私も、物質が与えてくれる豊かさを楽しんでいる。しかし、物質的な豊かさには執着していない。

「悪い」のはお金を崇拝し、それだけを追い求めることであって、お金そのものではない。その違いを忘れてはいけない。

まとめ

「物質的な豊かさ」に罪悪感を感じる必要はない。物やお金に執着せず、ただそれを楽しめばいい。

42
豊かさに慣れる

メディアからは、幸せになるためには、ある特定の車を持ち、ある特定の外見で、ある特定のブランドの服を着なければならないというメッセージが、絶えず送りつけられてくる。そして、成功者と呼ばれるためには、収入がいくら以上でなければダメだ、とも言われる。

その一方で、豊かさを否定するようなメッセージも送られてくる。

メディアは、欲深い経営者が逮捕されたニュースや、お金をありあまるほど持っている有名人の奇行のニュースが大好きだ。大喜びで事細かに報告してくれる。

問題は、「金持ちは悪人だ」というメッセージがいやというほど送られてくるのに、その一方で、お金がなければ幸せになれないというメッセージも送られてくることだ。

私たちは矛盾したメッセージで混乱してしまっている。そのせいで、成功を目指して最大限に努力することを、あえて避けてしまうこともよくある。

では、どうやったらこのパターンを変えることができるのだろうか？　人生の他の物事と同じように、これもまた一度にひとつずつ変えていくしかない。

そのための簡単な方法は、自分の中にあるお金持ちのイメージを変えることだ。

私の大好きな作家のジャック・キャンフィールドとマーク・ビクター・ハンセンは、ベストセラー『こころのチキンスープ』シリーズの売上の一〇分の一をいつもチャリティーに寄付している。これは、富を分かち合うことの素晴らしさを示すほんの一例だ。私自身も、一〇分の一チャリティーを何年も前から実践している。そしてその結果、自分の成功もますます大きくなっている。

ハンセンとロバート・アレンは著書『お金持ちになれる1分間の魔法（徳間書店）』の中で、豊かな富を持っていて、それを意義のある形で社会に還元し、後世に名を残すような人たちのことを「目覚めた億万長者」と呼んでいる。彼らのような生き方は、人間にとって最高の成功だろう。

あなたも今から「自分は目覚めた億万長者だ」と思おう。

「私は豊かで、自分と他の人たちの幸せのために資産を使う」と宣言しよう。

そして、自分の人生に引き寄せたい上質なものに慣れるようにしよう。

たとえば高級車が欲しいのなら、高級車を扱うディーラーに行って、高級車のある暮らしに慣れよう。ショールームを見て回るだけなら、お金はまったくかからない。逆に、コーヒーの一杯ぐらいは出してもらえるだろう。

そして、自分のためにぜいたくをしよう。

高いお金を出さなくてもかまわない。自分に出せる範囲のお金でぜいたくをするのだ。マニキュアやマッサージといった、ちょっとしたことでもかまわない。おいしいアイスクリームだっていい。多くの人にとって、これは突破口を開くきっかけになる。

私の母は、子供や孫には喜んでぜいたくをさせるが、自分のためにお金を使うなんて、想像もしないようなタイプだった。あなたも母と同じだろうか？

「受け取るより与えるほうがいい」のはたしかだが、受け取るのもそれほど悪くはない。

まとめ

お金持ちになるには、まずはお金持ちであることに慣れる必要がある。
ちょっとしたぜいたくを楽しむようにしよう。

5章

自分の人生に責任を持つ

43

自分の運命を切り開く

他のことや誰かのせいで自分の能力をほとんど発揮できないと思っているなら、失望の連続のような人生を生きることを余儀なくされた被害者だ。

しかし、自分の人生に責任を持ち、いいことも悪いこともすべて自分の選択の結果だと自覚すれば、自分の力で人生を変えることができる。

現在の状況の原因が何であれ、その状況の中で生きているのだから、自分で人生を切り開いたほうがいいではないか。そうすれば、人生を自分でコントロールし、自分の力が及ぶ範囲のものを変えられるようになる。

身体の健康、心の健康、ビジネス、人間関係、そしてお金。人生の主要分野で変えたいと思うものをひとつ選ぼう。

ここで注意するのは、「自分の力で変えられるものを選ぶ」ということだ。

私もできることなら、ペンシルベニアの厳しい冬の寒さを変えたいが、天候は人間の力ではどうにもならない。ずっとペンシルベニアに住んでいたいなら、冬の寒さを受け入れるしかない。

しかし、本当に心から変えたいと思っているなら、たいていのものは変えられる。たとえそれが貧困や難病のような大きな問題でも、あなたにできる小さなことは必ずある。自分の人生のすべてに責任を持てば持つほど、人は幸せになれる。

自分の人生に対する責任を持てば、あなたは運命を切り開くことができる。

次のステップは行動だ。人生に積極的に関わろう。外に出て何かをしよう。人生というゲームに参加しよう。きっとやってよかったと思えるはずだ。

まとめ

自分で責任を持ち、人生に積極的に関わろう。
そうすれば、自分が経験する人生の質を自分で決めることができるようになる。

44

精神の独立宣言をする

独立宣言をしよう。

私は、周りの状況に自分の感情を左右されない。
私は、株式市場やその他の経済指標に自分の経済状態を左右されない。
私は、広告に影響されて自分の外見や食べるものを決めない。

あなたの人生を決められるのは、あなたしかいない。あなたは自分の人生に責任を負っている。それに気づくのが早ければ早いほど、変えたいことを変える力も早く手に入る。

あなたが人生で経験することは、あなたの思考で決まる。

今この瞬間に経験していることは、過去のあなたの思考パターンから生まれたものだ。それはときには、あなた自身が意識していない「潜在意識の思考」かもしれないが、あなたの思考であることには変わりはない。

聖書にも「人は考えているとおりになる」と書いてある。

この考え方は、二〇〇〇年以上の歴史に裏打ちされている。伝統ある教えを尊重し、自分の力を取り戻そう。思考をコントロールする力を再びその手に握ろう。

今日から自分の人生の主役になろう。自分の人生は自分で決めると宣言しよう。

考えることを意識的に選び、自分に語りかける言葉に注意して耳を傾けよう。自分の夢や目標を毎日自分に言い聞かせよう。

まとめ

周囲の人々や経済環境に自分の判断を左右されてはいけない。
精神の独立宣言をして、自分の人生は自分で決めるのだと決意しよう。

45

幸せになることを選ぶ

どんな状況でも、私たちは「自分の考えること」を選んでいる。これが、もっと幸せになるためのカギだ。「人は心の中で考えているとおりの人間になる」のだから。

思考が頭の中で思い描く絵を決め、その絵が感情を支配し、感じ方を決める。

私たちの身に起こることよりも、起こったことに対してどう反応するかのほうが、ずっと大切なのだ。だからこそ、状況は同じなのに、平静でいられる人もいれば、取り乱してしまう人もいるのだ。


生きていればいやな目にもあうだろう。しかし、**それが自分でどうにかできないことなら、くよくよ悩むのは時間の無駄だ。**

あなたはいつでも自分の思考を選ぶことができる。何に意識を集中するかを選ぶことができる。その瞬間、瞬間で、いつでも有益な思考を選んでいれば、自分の精神状態をコントロールできる。そしてその結果、人生で感じる幸福感が向上するのだ。
　この原則を日々の生活で応用するには、ストレスを感じるような状況に直面したとき、自分にこう問いかければいい。

「もっと気分がよくなるために、私は今どんな思考を選ぶことができるか？」

　このテクニックを使えば、どんな状況でも自分の感じ方を変えることができる。前向きな思考を選ぶことで、自分のエネルギーも高まり、思考や感情のエネルギーも高まる。そうすれば自分が望む成果をさらにたくさん上げられるようになる。

まとめ

もっと気分よくなるために、今どんな思考を選ぶことができるか？
ストレスを感じるときには自分にそう質問しよう。

46

目標を達成できなくても焦らない

どんなに真剣に取り組んでいても、周りの状況によって目標を達成できないことがある。

もし自分がそうなったら、あなたにできることはなんだろうか？

第一に、その目標は本当にあなたの目標だろうか？

聞こえがいいから選んだ目標でも、他の誰かに決められた目標でもなく、**自分が心から望んでいるから選んだ目標だろうか？**　――まずそれを確認しよう。


なぜ、目標を達成できなかったのだろうか？

もっと大切な義務を果たすために、時間とエネルギーが必要だったのだろうか？

そもそも、達成できるはずもない大それた目標だったのだろうか？

本当に自分は達成できると信じているだろうか？

目標は、現実的である必要はないが、「できる」と信じられなければならない。

目標達成に必要な知識や情報は、きちんと持っているだろうか？

私はベストセラーを書きたいという人にたくさん会ってきたが、そのためにはどうすればいいかわかっている人はほとんどいなかった。

目標達成を心から望んでいて、必要な知識と情報を集め、自分は達成できると強く信じ、目標に向かって毎日行動しているなら、あとは辛抱強く待っていればいい。

天が決めたタイミングを信頼しよう。**物事は神の時間で起こるのであって、人間がそれをどうにかすることはできないのだ。**ただ期限を先に延ばし、あとはひたすら正しい方向に進んでいればいい。

まとめ

最高の成功は、もしかしたら次の角を曲がったところで待っているかもしれない。着実に目標に向かって行動を続けよう。

47

地道な努力を続ける

大きな目標に向かって前進しつづけたいなら、絶対に身につけておきたい資質がひとつある。それは「地道な努力」だ。

当たり前に聞こえるかもしれないが、実際に地道な努力ができる人はそう多くない。

私はこれまで「最初は活発に行動したのに、その後は行動しなくなる」というパターンをたくさん見てきた。私自身もそうだったし、クライアントたちもそうだ。

多くの人が一年の初めに誓いを立てる。「今年こそは違う」と決意する。

新年の誓いを立てること自体は素晴らしいし、賞賛に値する。しかし、誓いどおりに行動できる人はほとんどいないのが現状だ。

毎年一月一日には多くの人が「今年こそは運動を続けて昔の体型に戻る」と誓いを立てる。しかし残念なことに、数カ月もしないうちに大半が脱落してしまう。統計的にも、スポーツジムの会員数は三月までに激減することがわかっている。

そこで問題は、「目標に向かって地道に努力できるようになるためには、どうすればいいか？」ということになる。

単純すぎると思うかもしれないが、ひとつの方法は「とにかくやる」ことだ。

習慣は三〇日で変えることができる。

だから、とにかく歯を食いしばって一カ月だけ続ければ、成功する確率はぐんと高くなる。

もっと効果的な方法がひとつある。それは、目標を達成した自分の姿と、達成できなかった自分の姿を思い描くという方法だ。

両方とも、細かいところまで鮮明にイメージしてみよう。

目標を達成したときとしなかったときに自分の身に起こることをすべて事細かに想像し

て紙に書くといい。

これは「アメとムチ」の方法だ。どんな状況でも、アメとムチの両方を与えられると、がぜんやる気がわいてくる。

コーチ、メンターなどを見つけ、**叱咤激励してもらいながら成功を目指すという方法もある。**同じように目標を目指している仲間同士で、励ましあうのもいいだろう。もちろんこの方法は、運動や減量だけでなくビジネスや日常生活などの他の場面でも活用できる。

人間関係、ビジネス、経済状態、個人の成長――あらゆる分野で、地道な努力は、長期にわたって成長し、もっと幸せで充実した人生を送るカギになる。

私のおすすめの「地道な努力」は、自己啓発書を毎日一〇分から一五分読むという方法である。これは素晴らしい習慣だ。成果があまりにも大きくて驚くだろう。

まとめ

地道な努力は、充実した人生を続けるカギだ。
あらゆる工夫をして地道な努力を続けよう。

48 悩みを手放す

私はある日、午前三時半ごろ目覚めた。いつもの起きる時間ではない。ときどきあることだが、私は思い迷っていた。次に何をしようか、どの道に進もうか、何のプロジェクトに取り組もうか、などなど。

人によって置かれている状況は異なるし、すべての人にあてはまる解決策というものはない。しかし長年生きてきて、こんなときに役に立つことをいくつか学んだ。

私が最初にするのは、やみくもに動き回ってもっと迷いを深めるよりも、じっと落ち着くことだ。**瞑想の時間をとる。こうすると心が落ち着き、集中力を研ぎすませられるようになる。**

それから祈る。正しい選択ができますようにと導きを乞い、そして、運を天にまかせる。

「悩みを手放して神にゆだねよ」という言葉は単なる格言ではなく、どんな状況も解決する威力抜群の戦略なのだと経験から学んだ。

あなたがピンチに陥ったら、このテクニックをおすすめする。悩みを手放すことと、人智を超えた存在に身をゆだねることの驚くべき威力を体験してほしい。

悩みを手放すのは手紙を投函するようなものだ、とかつて友人が教えてくれた。一度ポストに入れてしまえば、出すつもりのその手紙は完全に手を離れる。悩みも同じだ。とにかくいったん手から離そう。**頭の整理がついてから、その問題にふたたび立ち戻って取り組めばいい。**

これはあきらめろとか、状況に対してあなたにできることは何もないという意味ではない。手放す、すなわち天にすべてをゆだねるのは、何もしないのと同じではない。あなたにできることは必ずある。

次の一手、あなたにとれるささやかな行動は必ずある。

手放すとは、結果に対する執着を捨て、人智を超えた存在の導きに従う心境になるとい

うことだ。

　そうすれば、比較的短期間のうちに、ある行動を起こそうという衝動がわいてくるはずだ。それがあなたにとっては予想外のものでも、その行動をとってみよう。

　瞑想と祈りののち、私はたいてい散歩に出る。身体を動かすのは視点を変え、五感を刺激するいい方法だ。

　心を自由にさまよわせ、五感で身の周りの世界をぞんぶんに味わえる気楽な散歩は、心身にとって最高の活動だ。特に迷ったり悩んだりしているときにいい。

　私の場合、散歩のあと、あるいは散歩の最中に、アイデアがひらめいたり、これまで思いつかなかったことをやろうという気になる。

　悩みへの答えが見つかったり、新しいアプローチの方法がわかったりすることも珍しくない。

まとめ

迷ったり悩んだりしているのなら、心を落ち着けて運を天にまかせてみよう。その後、行動を起こそうという衝動がわいたら、その行動をとってみよう。

49

今ある手段で目標を達成する

進路が障害物でふさがれているのは、たいてい、自分に問いかける言葉を間違えているせいだ。同じ状況でも、質問の仕方を変えるだけで結果は大きく変わる。

実体験を紹介しよう。ずっと以前のことだ。私はテレビ放送用に映画を作りたいと考えていたが、資金調達に頭を悩ませていた。私の自己資金をはるかに超える額の資金を集めなければならなかったが、そのあてがなかったのだ。

しかし、ちょうどそのころ聞いていたブライアン・トレーシーのオーディオ教材の中で、ある質問に出合った。

「今の自分にできることから始めよう。真の目的に近づくために、今ある手段や情報を使ってできることは何だろうか？」

これ以上に人生を変える質問はない。私は、テレビ番組を作るという夢にこの質問をあてはめてみた。すると、目的を達成したいなら何かを変えなくてはだめだと、すぐ気づいた。そして足りないものではなく、**すでにあるものに目を向けたところ、私にも本来の目標を達成することは可能だとわかったのだ。**

本来の目的は、昔も今も一貫して、人の役に立つアイデアや情報を伝えること。それなら、予定していた伝達手段を変えればいいだけのことだ。

映像作品を放映できる可能性はほぼないが、本を執筆・出版するのに必要なスキルと知識ならある。私はさっそく執筆に取りかかった。

その第一歩がなければ、私が作家になることはなかっただろう。小さな一歩が、私の人生を大きく変えた。これまでに世界中の一〇〇万人以上の人々の人生に触れることができた。かつての想像をはるかに超える人生と、言葉では言い表せないほどの満足感を手に入れることができたのである。

まとめ

それさえ取り除けば、仕事の究極の目標に近づけると思うものをあげてみよう。今の状況で、前進するために変えられることを考え、それを実際に変えてみよう。

50 挫折しても早く立ち直る

人生ではいろいろなことが起こるものだ。

どんなに前向きな人でも、どんなに情緒が安定した人でも、打ちのめされるときはある。あなたも間違いなく何らかの挫折を味わうだろう。職を失うかもしれない。離婚を経験するかもしれない。それ以外にも打撃となる状況はいくらでも考えられる。

その状況を現実として受け止めよう。

長い人生ではそういうこともある。**「無意味な経験はない」と考えて、必死に心の傷をごまかそうとしても、痛いものは痛い。**前向きな言葉を繰り返したところで、消えるものではないのだ。

そんなときは誰しも落ち込むものだ。それは仕方がない。落ち込んでもいい。悲しんでもいい。怒ってもいい。感情を無視することなどできない。その感情を受け入れるしかないのだ。

問題は、落ち込むことそのものではなく、その状態をいつまでも引きずってしまうことである。

あなたはどれくらい早く立ち直ることができるだろうか。もちろん、痛みを乗り越え、前に向かって歩き出すまでにかかる時間は、試練の大きさによってかなり変わってくる。

例として、リストラされた二人の男性を比較してみよう。

一人は解雇の知らせに大きなショックを受けた。彼の心の傷は、会社や同僚、制度全般に対する八つ当たりとなって表れた。そして来る日も来る日も、悩みを聞いてくれる人をつかまえては自分の苦境について語った。自分の苦境をありとあらゆる人のせいにした。このような反応をする人は、何週間も何カ月も下手をしたら何年もの間、絶望に浸る。

一方、もう一人は、対照的な反応を示した。ほぼ同じ問題（生活費に困るなど）に直面したが、選んだ行動は別だった。当初は自分はダメな人間だと考えたり、自己憐憫に浸ったり、腹を立てたりしたものの、しばらくすると再就職を決意し、同僚や仕事仲間のつてをたどった。積極的に新しい職を探したのである。まもなく彼は素晴らしい新しい会社で理想の仕事を見つけることができた。

例としてあげたこの二人は、同じように解雇され、同じように心に傷を負ったが、一人はいつまでもそれを引きずり、もう一人はそれに折り合いをつけて前に進んだ。

これが重要なことだ。

長い人生では意気消沈することもあるだろうが、できるだけ早くその状態から抜け出さなくてはならない。

絶望的な事態に見舞われたら、しばらくは嘆き悲しんでもかまわないが、ずっと立ち止まっていてはいけない。とにかく動いてみよう。

まとめ

挫折を体験したら、つらい感情と向き合い、それを乗り越えよう。いつまでも落ち込まず、解決に向けて動き出そう。

51
感謝の習慣を身につける

いいことや幸運への感謝の気持ちが強まるほど、いいことが起こりやすくなる。これが引き寄せの法則の基本原理だ。思いが強まるほど引き寄せる力も強まるし、感謝の対象を強く意識すれば、幸運は自然と引き寄せられてくるという考え方である。

どんな状況であれ、感謝すべきものは常に何かしらあるはずだ。たとえば本書の読者は、昨夜も暖かいベッドで眠れた人がほとんどだろうから、それに感謝しよう。そうした幸運を授かれない人も世の中には大勢いるのが現状だ。

あるいは、仕事の見つからない人がいかに多いかを思えば、自分には仕事があるという事実も感謝の対象になる。仕事やライフスタイルを自分で選べる自由な国に暮らしているなら、それも感謝する理由になる。もちろん、私たちが当たり前だと思っているもの、視覚や聴覚、体の機能などもそうだ。

どんなときも幸せに過ごすいちばん確実な方法は、自分がすでに持っているものを振り返り、それに感謝することだ。理由は人それぞれだが、人間というのは、手にしたものよりも、まだ手にしていないものにばかり目を向けがちだ。それでいて、手にしたものは持っていて当たり前だと思い込んでいる。

複数の研究によれば、**人は意識して感謝することで、より明るい気持ちで生きられるばかりか、体も健康になるという。**この世のすべては天からの授かりものだと理解する。そして、持っているものに常に感謝する習慣を身につける。そうすれば、あなたの人生には今までよりも多くの幸せが訪れるはずだ。

何かをしてもらったとき、「ありがとう」と言う習慣をつけよう。ごちゃごちゃ飾り立てる必要はない。ただ一言、ありがとうと言うだけで十分だ。

まとめ

毎晩寝る前にその日の出来事を思い返し、感謝したいことを見つける習慣をつけよう。
何かをしてもらったとき、「ありがとう」と言う習慣をつけよう。

6章

前向きに考えて成功を目指す

52

いい習慣を身につける

習慣とは、繰り返し行ううちに何も考えなくてもできるようになるものをいう。習慣には、あなたが目指す生き方に向かって後押ししてくれる建設的な習慣と、目指す生き方から遠ざけてしまう破壊的な習慣がある。

いい習慣のいくつかを私たちはごく幼いころに身につけ、それが今でも役立っている。たとえば歯磨きや入浴など体の清潔を守る活動をふだん何も考えずにやっている。

自分の習慣を振り返ってみれば、変えたいと思っている習慣の多くが幼いころに身についたものだとわかって驚くかもしれない。

糖分の多い食べ物が好きだとしたら、それはおそらく子どものときからの傾向だろう。大人になった今、あなたは社員食堂に行って体にいい食事をするかわりに、コンビニで甘いものを買ってきてすませてしまう。「忙しくて食事をとる時間がない」と自分に言い訳をするかもしれないが、不健康な昼食のせいであなたの生産性は落ちている。ジャンクフードは生産性を落とすばかりか、肥満の主な要因にもなっているのは言うまでもない。

私たちはときどき、気持ちを奮い立たせて、特定の行動を習慣になるまで一定期間やってみる必要がある。**新しい習慣が根づくまでにはおよそ三～四週間かかる。**私の場合、運動は最初の数カ月間自分の尻を叩かないとできなかった。今では定期的にジムに行かないと物足りない気分になる。

新しい習慣を身につける時間をとろう。奇跡が起きる前にやめてはいけない。

まとめ

あなたの目標に向かって後押ししてくれる習慣をリストアップしよう。
その習慣を身につけるまで続けてみよう。

53

終わりが来ることを知る

マイクは私たち友人の間で「鉄人」の異名で知られていた。タフな男だからというより、鉄鋼業界で働いていたからだ。私自身の家系がそうであったように、アイルランド系の労働者階級で、保守的なブルーカラーだった。年季の入った大酒飲み。もちろん、タフな男でもあった。

彼のことでいちばんよく覚えているのは、私たちの仲間の輪に新入りが加わると、いつも真っ先に握手の手を差し出して歓迎していたことだ。そしてもうひとつ、誰かが「これもいつかは終わるよ」と言ったときの彼のおきまりのセリフだ。「そうとも」とマイクは大きな声で言ったものだ。

「いいことも終わる、悪いことも終わる、いずれはお前さんもいなくなる」

あなたの人生で何が起ころうと――いいことも、それほどよくないことも――一日が終わって夜が来るように、必ず終わりが来る。今がつらい時期なら、ふんばろう。いずれは終わる。同じように、今が絶好調でもやはり終わりは来る。人生に好不調の波があるのは自然の摂理なのだ。

厳しい状況を乗り越えるいいお手本を私は自然界から学んだ。自然界に存在するものはすべて、流れに逆らうのではなく身をまかせることによって生き抜いている。

今、あなたの人生で何が起きていても、それが苦しいことであればなおさら、流れに身をゆだねよう。波を乗りこなすサーファーのように、起きている変化の波を乗りこなすのだ。人生の好不調に素直に従って歩んでいこう。何事にも終わりが来ることを忘れずに。

まとめ

人生には好不調がある。いいことも悪いこともいずれは終わることを覚えておこう。今が苦しい状況でも、流れに身をゆだねて終わるのを待とう。

54

新しいストーリーをつくる

私は世界各国からメールをよくもらう。私の著書を読んだり、私が吹き込んだオーディオ講座や出演したビデオ講座を聴講したりした人たちからのものだ。

その多くが、「現状を好転させるにはどうしたらいいでしょう?」という相談のメールである。仕事柄そういうメールが来るのは当然なのだが、困ったなと思うのは、ほぼ全員が「現状」ばかりをつづっている点である。

彼らは同じストーリーを繰り返し語ることで、いっそう深みにはまってしまっている。彼らにかぎらずそういう人は多い。残念ながらそのストーリーは彼らが望まない状況そのものなのだ。

同じストーリーを語りつづけているうちは、状況は変わらないと思ったほうがいい。人生を好転させたければ、自分自身に新しいストーリーを言い聞かせなければならない。**あ**

なたにとって最善の策は、問題について語るのをやめることだ。

仕事の状況はたしかに厳しいかもしれない。しかし、そんな話ばかりして被害者意識を持ったままでは、問題を大きくするだけで何にもならない。売上を伸ばしたいにせよ、ビジネスを成長させたいにせよ、そこには「引き寄せの法則」が働いているのだ。

聖書の「人は心で思っているとおりの人になる」という言葉と同じことは、あらゆる宗教で言われている。私たちは心の中で思っていることを引き寄せる。そういうものなのだ。これは厳然たる事実である。「不況だから売れない」などと言い続けているかぎり、奇跡的に事態が変わると思ってはいけない。

望まないことではなく望むことについて語る習慣を身につけるべきだ。あなたの仕事と人生について新たなストーリーを描こう。日々、物事がどのように好転していくかを自分に語りかけよう。

現時点ではささやかでも、自分にあるもの、感謝しているもの、人生でうまくいっていることに意識を向けられるようになろう。

毎日、こうありたいと望む人生を思い描く時間をとろう。五感を総動員するのだ。あなたが営業なら、人々がぜひともあなたから買おうとする光景をまぶたに浮かべよう。取引がどう展開していくか、新しいストーリーを想像しよう。新しいお客様と握手している自分を心に描こう。成功がどれほど気分のいいものかを体験しよう。

やりたい仕事があるなら、その職業に就き、仕事を楽しみ感謝されている自分を想像するところから始めよう。もちろんそこで終わってはいけない。**積極的に動いてこそ人生だ。望んでいる人生を思い描いたら、それに近づくための行動を起こそう。**最初の一歩が今はどれほど小さく見えても。

起業したいとかビジネスを拡大したいなら、どんなに困難でも障害に目を向けるのではなく、サービスを提供できる方法を探そう。地域社会、国全体、世界全体の役に立てる方法が見つかれば、お金を稼げる方法も見えてくるはずだ。

先に儲かる方法を考えて成功した人を私は知らない。経済的成功は、世の中に価値をもたらすことをした結果としてついてくるものにすぎない。

あなたの新しい人生のストーリーを今から書こう。紙に書き、体で演じ、目で見て、五感で感じて、それに向かって動こう。

私の著書の一冊のタイトルどおりだ。

「何をぼやぼやしているのか？　これはあなたの人生だ（What Are You Waiting For? It's Your Life)」

まとめ

自分が抱えている問題について語るのはやめよう。

こうありたいと望む状態について思い描き、語り、行動を起こそう。

55

成功のモデルを見つけて真似をする

私は長年、自分が目標とすることをすでに成し遂げた人々を研究するようにしている。健康、体力づくり、ビジネス、人間関係まで、ある成果を出したいと思ったら、それをすでに達成した人を探して同じことをしようと心がけているのだ。

この考え方をモデリングというが、仕事やプライベートのどの分野でもパフォーマンスを上げるのに簡単かつ有効な方法で、誰でも使える戦略である。

特定の分野であなたの求める成果をすでに出している人を見つけて、その人が何をやっているか、どうやっているかを学ぶだけでいい。できれば実際に会って教えを乞おう。たとえば同じ会社でトップの成績を上げている人にインタビューして、その人が何をしているかを知り、あとはその人の真似をすればいいのだ。

モデリングによってあなたの仕事もプライベートも大きな恩恵を受けられるはずだ。あなたが目指すものをすでに達成した人から学ぶことで、自分ひとりで取り組むより学習期間が大幅に縮まり、成功にぐっと近づくことができる。覚えておいてほしい。成功はチームスポーツだ。一人では果たせない。

あなたの最大の目標を見極め、その分野で成功し助けてくれそうな人に目星をつけよう。直接の知り合いがいなくても、あなたが取り組んでいることをすでに成し遂げた人が書いた本ならたいてい見つかるはずだ。ビデオを見たりセミナーに参加したりすることもできる。自分の分野の業界団体に加入してもいいだろう。業界団体にはプロ養成研修があるはずだし、ベテラン会員によるメンター制度を設けているところもある。

仕事のできる人はできない人よりも全体的に満足度が高いというのは周知の事実だ。得意なことは当然ながらやっていて楽しい。だから自分のやっていることで腕を上げれば、幸福度が高まる。仕事の評価も高まるのは言うまでもない。

まとめ

自分が求める成果をすでに出している人を見つけ、その人から学ぼう。
直接の知り合いでないなら、その人の著書を読んだりセミナーに参加したりしよう。

56

自分にとっての成功を定義する

成功とはお金持ちになることだと考える人たちがいる。お金そのものが悪いわけではないし、お金は誰にとっても必要だが、それだけでは成功したとは思えないだろう。金儲けに人生を費やしたあげく、お金では幸せになれないと気づく人は実に多い。目の色を変えてお金を追いかけるうちに、すべてを失った人もいる。

家族や地域社会と強い絆を持つことを成功と考える人もいる。もちろん、そうした絆は人生の成功に大切な要素だが、これもまたすべてではない。

私が思うに、**成功した人生を築いてそれを楽しむには、複数の重要な領域をバランスよく組み合わせることが大切である。**

人生の成功の鍵のひとつが健康であるのは明らかだが、人々が健康をいかにおろそかにしているかを見ると、あなたもその一人かもしれない。人生を楽しむにはそれなりのエネルギーが必要だ。また誰しも病気と無縁でありたいと願っている。

健康的なライフスタイル――健康的な食生活、適度な運動、定期的な健康診断――を維持することは、あなたの幸福を支える大きな柱となる。その結果、あなたのエネルギーが増せば、人生のあらゆる面でより大きな成功を追求することができる。

もうひとつ忘れてはならないのは、健全な経済状態だ。成功を実感し人生を心から楽しむためには、お金が必要である。お金がすべてではないことにほとんどの人は異論がないだろうが、人生の楽しみの多くはお金を必要とする。

自分にとっての成功を定義し、それに向けて行動していけば、きっと期待をはるかに超えた人生が待っているはずだ。

あなたには望むだけの喜びと愛と幸福にあふれた成功した人生を生きる資格がある。望まない人生に甘んじるのは、自分に対する裏切りだ。

まとめ

世間一般ではなく自分にとっての成功を定義してみよう。
その成功に向けて、今すぐできる行動から始めよう。

57

失敗にこだわらない

ずいぶん前のことになるが、私はPGAツアーを観戦し、幸運にも当時のトッププロの何人かと知り合うことができた。

フランク・ベアード、アル・ガイバーガー、ボビー・ニコルス、デーブ・ストックトンといった一流のプロゴルファーたちと直接言葉を交わすことができたのだ。

こうしたスーパースターたちを間近に見てわかったのは、試合への集中力、試合の直後でも練習を怠らない規律もさることながら、ミスショットからの立ち直りの早さに並外れた能力を持っていることだった。彼らはまずいショットを次のホールに引きずらなかった。それが彼らを勝者にした要因のひとつなのだ。

プロゴルファーが教えてくれたことは、あなたの仕事とプライベートにも応用できる。

ミスをしたとき、あなたはどうするだろうか。頭の中でその体験を何度も再現し、ミスした自分を責めるだろうか。それともプロゴルファーのように、**経験から学べるものを学んだらミスはもう忘れて、前に進むだろうか。**

失敗は誰にでもある。ビジネスの世界ならなおさらだ。あなたは必ずミスをする。もちろん、何にも挑戦しないなら別だが。ミスをしたときにあなたにとって最善の策は、失敗から学んで先に進むことだ。

挫折や失敗を経験せずに大成功した人は、私の知り合いにはいない。挫折したくらいであきらめないと今から決意してほしい。プロゴルファーのように、「目の前のショットに集中する」のだ。

まとめ

ミスをしたら、失敗から学ぶことは学んでミスのことは忘れよう。
何か行動したら失敗はつきものだ。失敗してもあきらめないと決意しよう。

58

今から始める

誰でも必ずこんなセリフを口にしたことがあるだろう。

「いつか私は……する（学校に入り直す／昇進のためにスキルを身につける／転職する／将来のための貯金を始める、等々）つもりです」

あなたの「いつか……するつもり」は何だろうか。

教えよう。あなたがずっと待っていた「いつか」は今日だ。

一九六〇年代に流行った言葉がある。

「今日が残りの人生の最初の日だ」というのが、それだ。

あなたがずっと手をつけたいと胸に温めていた計画が何であれ、始めるならこれ以上のタイミングはない。理由は単純だ。時間には「今」しかないのである。

私たちはとかく「いつか〜するつもりだ」という言い訳で自分をごまかしてしまいがちだ。そう言うことで、自分はいずれ近いうちに昇進試験の勉強をしたり、学校に入り直したりするのだと信じ込む。

しかし、実際にやっているのは先延ばしだ。おそらくうまくいかないのを恐れているのだろう。この流れを変えるにはどうすればいいだろうか。

自分を動機づけするいちばんの方法は簡単だ。いわゆる「アメとムチ」を利用することである。

たとえば、あなたが学校に戻って勉強したいとする。実行すれば、あなたのキャリアと人生の幸福度にどんな意味をもたらすか、どれだけ達成感が味わえるか想像してみよう。あなたの稼ぐ力や将来の仕事の展望にはどれだけプラスになるか。

あなたはどんな気分になるか。これが「アメ」である。その反対が「ムチ」だ。私は両方を使い分けするのがいいと思っている。学校に行かなかった場合に失うものを想像してみよう。

私が健康と体力づくりについてこの評価をしたとき、すぐに効果が得られた。ある朝、私は静かに座り、目を閉じて、二〇年後を予想した。そして、不健康な食生活を続け、運動をさぼっていたら人生がどうなっているかを想像した。

二〇年後の自分を想像して震え上がったのは、お察しのとおりである。**習慣を変えなければ自分の将来は暗澹たるものになると思い知った。**

そしてすぐに行動を起こした場合、二〇年後だけでなく直近の未来がどうなるかを想像した。もう二〇年以上経つが、あの日のことは昨日のように覚えている。

あとで読み返してモチベーションを維持できるように、数分間かけて「アメとムチ」の結果を日記に書くと、私は立ち上がってスニーカーを履き、運動プログラムを実行し始めた。以来そのプログラムを忠実に守っている。

「いつか」やりたいことが何であろうと、今日から始めよう。

まとめ

自分のやりたいことを書き出そう。次のステップはもうわかるだろう。それを実行に移すのだ!

7章

気持ちの余裕を持つ

59

達成したことを紙に書く

私は数年前から、一年の終わりに「その年に達成したことを紙に書く」というエクササイズを行っている。必ずしも一年の終わりでなくてもかまわない。いつでも思い立ったときにすればいい。

多くの企業では、業績の自己評価のリストを毎年提出させ、そのリストをもとにして、社員を評価し、昇給や昇進を決めている。

そこで私は、ビジネスで役立つ方法なら、自分自身にも役に立つはずだと考えた。

一年間で達成したことを紙に書いてみると、素晴らしい達成感を味わうことができたし、大きな励みにもなった。今では年に一度の自己評価が私の年中行事になり、毎年その時期を楽しみにしている。

私たちは、自分がしていることの大部分を「当たり前のこと」だと思っている。だから他人が感心してほめてくれても、肩をすくめて「大したことではありません」と言ったりする。他人の成功や貢献、達成したことならすぐに気づくのに、肝心の自分自身の成功を見過ごしてしまっているのだ。

日記か手帳を開き、この一年で自分が達成したことをリストにしてみよう。思いつくものはすべて書き込んでみてほしい。

・休暇で行った場所は?
・どんな舞台や映画を観たか?
・どんなコンサートに行ったか?
・どんな本を読んだか?
・家族のために、または家族と一緒に、何をしただろう?
・仕事で達成したことは何だろうか?
・自分自身のために何かしただろうか?

・自分の健康についてはどうだろうか？
・体重はコントロールしているだろうか？
・定期的な運動をしているだろうか？
・新しいスポーツに挑戦しているだろうか？

頭に浮かんだことをすべて書いてみよう。**自分が達成したことをすべて数え上げれば、自信がつく。リストは長ければ長いほどいい。**そして、さらに多くのことを達成できるようになる。

あなたはきっと、自分で思っているよりもはるかに多くのことを達成しているはずだ。紙に書いてみれば、それがはっきりする。

まとめ

あなたは自分で思っているよりも、多くのことを達成している。すべてを紙に書き出せば勇気とやる気がわいてくるはずだ。

60
理想の世界を思い描く

今は激しい変化の時代だということに、異論のある人はいないだろう。世界のどこを見ても混沌としている。私たちは、職を失う恐怖、家を失う恐怖、そして命まで失うかもしれない恐怖とともに生きている。

こんな世知辛い世の中なのに、理想の人生を送ることなんてできるのだろうか。

最近の新聞に、失業保険がもらえなくなりそうな女性についての短い記事が載っていた。「支給期間を延長してもらえないと困ります。この時期にすぐに仕事を見つけるなんて絶対に無理ですから」と彼女は言う。

彼女の状況に同情しないわけではないが、こんな考え方では、ほぼ間違いなく仕事は見つからない。自分に言い聞かせる言葉を変えない限り、彼女はこのままだろう。

たとえ理想的な仕事が目の前に現れても、この女性はそれに気づかない。たとえ気づいても、手に入れることはできないだろう。

ごく単純なことだ。「仕事が見つからない」と自分に言い聞かせているうちは、潜在意識の力によって、仕事は本当に見つからないのである。

潜在意識は現実と想像を区別することができない。逆に、**自分が欲しいものに意識を集中していれば、欲しいものが現実になる。**

「現実的になりなさい」「現実に目を向けなさい」。そうアドバイスをする人はどこにでもいる。だが私は、現実にばかり目を向けていたら、今の現実が繰り返されるだけだとアドバイスしたい。

現実を超えて理想の世界に生きる自分を思い描くことができて初めて、あなたは今の現実を変えることができるのだ。

まとめ

人生は「何に意識を集中しているか」で決まる。
現実が厳しいほど、理想の世界を思い浮かべ、それに気持ちを集中するべきだ。

61

望まないことを我慢しない

あなたには最高の人生を生きる価値がある。

最高の人生とは、自分の家で安心して暮らせる人生だ。

そして、周りの人から大切にされ尊重される人生、望まないことは経験しなくてすむ人生だ。

ここで、自分の人生の現状について、じっくりと考えてみよう。

- **いやだと思いながら我慢していることはあるか？**
- **あなたをバカにする人たちに我慢していないか？　もしそうなら、それはなぜか？**
- **なぜ人生の旅を支えてくれる素晴らしい人と一緒に過ごさないのか？**

多くの人は何かを我慢して生きている。

何を我慢しているかは、人によってさまざまだ。たとえば「約束にいつも遅れる友人」といった小さなことから、肉体的・精神的な虐待といったものまである。

しかし、それを望んでいないのなら、我慢する必要はない。**そもそも、これはあなたの人生なのだから。**

上司にひどい扱いを受けている？

人は誰でも、尊重される権利がある。ひどい扱いに我慢する必要なんてない。あなたは上司に自分の気持ちをはっきり伝えるべきなのかもしれない。

あるいは、部署を変えてもらうべきなのかもしれないし、違うキャリアを考える時期に来ているのかもしれない。

家族から虐待を受けていないだろうか？

もしそうなら、我慢していてはだめだ。手遅れになる前に、今すぐ助けを求めよう。助けてくれる人は必ず存在する。

ただ手を伸ばせばいいだけだ。


家での生活はどうだろうか？

本当はきちんと片づいたきれいな家で暮らしたいのに、汚れて散らかった家で我慢していないだろうか？　もしそうなら、今すぐ掃除をしよう！

調子の悪い車で我慢していないだろうか？　もしそうなら、今すぐ修理に出そう。

健康面ではどうだろうか？

引き締まった健康な身体を望みながら、不健康な自分に我慢していないだろうか？


これはあなたの人生だ。リハーサルではない。我慢してはいけない。人生を決めるのは、あなた自身なのだ。

まとめ

不満足な現状に我慢しつづけていることはない。

望み通りの人生を生きられるかどうかは、すべてあなたにかかっている。

62

夜のニュースは見ない

人が最高の創造性を発揮する時間、最高に生産的になって、最高の力を出す時間がある。それは、無限の宇宙のすべてとつながることのできる時間、どんな問題でも解決できる時間だ。

それは、現代の偉大な発明家がひらめきの瞬間を経験した時間、もっとも差し迫った問題の多くが解決されてきた時間でもある。

その時間とは、夢を見ている時間である。

残念ながら、私たちのほとんどが、このかけがえのない時間に入る直前にテレビで夜のニュースを見てしまう。テレビのニュース番組自体が悪いと言っているわけではない。しかし、寝る直前にニュースを見ることに対しては断固反対だ。

寝る直前にニュースを見るのは、自分に対する最悪の仕打ちだといってても過言ではない。頭の中にどんな映像が残るか考えてみよう。

戦争や殺人、悲劇など、ありとあらゆる種類の悲惨な出来事が鮮明なイメージとなって夢の世界に入ってくる。

自分がいちばん創造性を発揮する時間帯に、潜在意識に悲惨なイメージが刷り込まれてしまうのだ。多くの人が不幸だと感じていて気分が落ち込んでしまうのも当然だろう。

寝る前にニュースを見る習慣がある人は、ぜひ次の実験をしよう。

今日から三〇日間、いつもならニュースを見る時間に、自己啓発のオーディオブックを聴くか、または前向きな刺激を受けられる本を読んでみよう。

これをたった三〇日間続けるだけで、あなたの人生は好転するだろう。その効果は私が保証する。

ニュースが垂れ流すネガティブなイメージの代わりに、ポジティブで気持ちが高揚するようなイメージを頭に入れよう。

そうすれば、あなたの潜在意識は、理想の人生につながるような思考、言葉、イメージを受け取ることになる。

前向きなエネルギーを受け取った潜在意識は、その見返りとして夢を実現する方法を教えてくれるだろう。

あなたは、目標を達成した自分の姿と、そのときに感じる前向きな気持ちをつれて、眠りの世界に入っていく。そうすれば、創造性が劇的に向上して、大きな成果をあげることができる。

朝目覚めたときに、やる気がわくようなアイデアが自然と浮かんできて驚くかもしれない。そのアイデアは、さらに大きな成功へとあなたを導いてくれるだろう。

どうしてもニュースを見なければならないなら、夜の早い時間にしよう。そうすれば、ネガティブなイメージを鮮明に残したまま創造的な時間を過ごさずにすむ。とはいえ、やはりまったく見ないのが最善の策だ。

まとめ

夜のニュース番組を見るのはしばらくやめてみよう。
代わりに眠りに入る前にポジティブなイメージを取り入れることを習慣にしよう。

63

ときには仕事から離れる

自分の仕事がどんなに楽しくても、どんなに自分の仕事を心から愛していても、ときには仕事から離れることが大切だ。

たとえば旅行。ほんの一日か二日でもいいし、数週間の休暇でもいい。または、とにかく仕事を一切しないで、身の回りをゆっくり眺めるという方法でもいいだろう。

ときには仕事から完全に離れるのは、最高の戦略だ。あなたが毎日型通りの生活を送っているなら、特に効果が大きい。

頭がすっきりして新しいアイデアが浮かんだり、新しい可能性が見えてきたりするのはもちろん、新しい体験をして、新しい景色を見て、新しい刺激が与えられることで、決まり切った日常から脱出して、創造的な力が活発に働くようになる。

いつもの環境から離れるのは、他の場所に暮らしている人たちの視点で物事をとらえるチャンスだ。

私は旅行をするときは、いつも地元のビジネスを観察するようにしている。その土地でビジネスをしている人の何人かと実際に話もする。それだけで、物事をまったく違う視点から眺められるようになり、新しい可能性を見つけることにつながる。

なじみのない場所に身を置くだけで、考え方も行動も新しくなる。

いつものパターンを抜け出すと、目に見えるものも味わう感覚も、いつもと違ってよりエキサイティングになる。そしてそれが創造性を刺激するのだ。

まとめ

遊びの時間を作ろう。
新しいアイデアが浮かび、人生や仕事に対しての熱意も一新されるだろう。

64
いやな人と一緒にいない

先日、弁護士をしている友人とランチを共にした。

彼の話では、あの手この手で法律を悪用して、状況を自分の都合のいいように操作しようとする輩が、あまりにも多いらしい。

彼の話を聞いていると、そんな人たちと付き合わずにすんでよかったと感謝すると同時に、砂場で遊ぶ子供のことを連想した。

子供は砂場で遊ぶとき、先に砂場にいる子供たちの輪に入る。

その遊びが気に入らなかったりすると、最初に入ったグループを離れて、もっと楽しそうな遊びをしているグループに加わる。

人生もこれとよく似ている。

ビジネスは特にそうだ。**付き合う相手は自分で選ぶことができる。**

どのような状況で働いている人でも、その気になれば、毎日顔を合わせる人を変えることはできるのだ。

・あなたは誰と一緒に過ごしているだろうか？
・あなたの周りにいるのは、誠実で公正な人たちだろうか？
・好きになれない人、信頼できない人に囲まれてしまっていないだろうか？

私が絶対に守るようにしているルールがひとつある。
それは、**好きになれない人、信頼できない人とは一緒に過ごさないというルールだ。**
仕事ではそんなこと言っていられないと反論する人はたくさんいるだろう。仕事だから
いやな人間とも付き合わなくてはならないんだ――と。

しかし、私はそうは思わない。

「これはあなたの人生だ。リハーサルではない」のだから。

私は、一緒にいて楽しくない人のために自分の人生の時間を使うつもりはまったくない。

善良な人、誠実な人、楽しい人は、私の周りにたくさんいる。

彼らもまた、喜んで私と一緒に過ごしてくれる。


しばらくの間、一緒にいる人を意識して選んでいれば、一緒に過ごしたいと思うような人だけが自分の周りに現れるようになるだろう。

それ以外の人たちは、あなたの世界では存在さえしなくなる。

まとめ

好きになれない人、信頼できない人と一緒にいる必要はない。一緒に時間を過ごす人を意識して選ぶほど、人生もずっと楽しくなる。

65

たまにはただ楽しむ

ときには、クッキーをつまむことも必要だ。

より大きな成功、より健康な身体、よりよい外見を求めて努力を続けていると、人生は楽しむためにあるのだということを忘れてしまいがちになる。

レストランで「それが食べたいから」という理由だけで料理を注文しよう。健康に悪いという罪悪感は一切なし。最近、そんな経験をしたのは、いつのことだろう?

私はなにも、健康なんて気にせずに食べたいものを食べなさいとアドバイスしているわけではない。それは愚かな選択だ。私が言いたいのは、ときには健康やダイエットのことを忘れ、好きなものを食べるのも大切だということだ。

この考え方は、人生のほぼすべての場面に当てはまる。いつものエクササイズの代わりに、ただ楽しく散歩をしてみたらどうだろうか？

このような**「楽しみ」は、心を豊かにしてくれる。心が豊かになることは、楽しみがもたらす「弊害」を補ってあまりある。**だからもっと気楽にかまえて人生を楽しもう。

今度、チョコレートクッキーか、野菜サラダかを選ぶことになったら、クッキーをつまんで罪悪感のない喜びに浸ろう。

まとめ

ときには、ただそうしたいから、という理由で何かをしてみよう。
人生は楽しむためにある。

66

人のためになることをする

感謝の心を持つことは、幸せで成功した人生を送るカギのひとつだ。感謝の気持ちを持っていれば、感謝したくなるような状況や体験を、さらに引き寄せることになる。

しかし、あなたが今のところそれほど感謝したくない気持ちだったら？　いろいろと大変な思いをしていて、自分はかわいそうだと感じているとしたら？

落ち込んでどうしようもないという経験は、誰にでもあるはずだ。きっとこの先も、そうなることがあるだろう。感謝の気持ちなんかとうてい持てないという状況は、誰もが経験する。そんなときはどうすればいいのだろうか？

いちばん早く、いちばん確実に感じ方を変えるには、**他の人の助けになるようなことをすることだ。すぐに気分がよくなるはずだ。**効果は私が保証する。

・老人ホームでボランティアの仕事をする
・家から出られない人の代わりに買い物をしてあげる
・状態のいい不要な衣服を寄付する
・入院している人のお見舞いにいく

とにかく、自分のことをしばらく忘れさせてくれる活動ならなんでもいい。人助けをしたあとで、自分の「問題」がすっかり変わっていることに気づき、あなたはきっと驚くことだろう。

まとめ

どうしようもなく落ち込んでしまうなら、他の人のためになることをしてみよう。確実に気分はよくなり、問題解決のきっかけも見つかるだろう。

8章

モチベーションを常に高く保つ

67

自分の感性を信じる

感情は、私たちの体に埋め込まれたナビゲーションシステムだ。対象が、嘘偽りのない本当の自分に合っているかどうかをはっきり教えてくれるガイドだ。

願いを引き寄せるのは感情だ。困ったときは、いつでも感情のナビゲーションシステムに助けを求めよう。そうすれば、対象が自分の望みに合っているか、より高次の自分としっかり結びついているかがわかってくる。いい感じなら合っている。いやな感じがすれば、合っていない。だからこそ、その対象について考えると気持ちが落ち込むのだ。

自分の望みに合っているかどうかを知るには、自分の感じ方に注意を払うだけでいい。感情のモニタリングをすればいいのだ。考えたり注目したりしている対象が、自分の気分を明るくすれば、願いを引き寄せる流れができているということだ。

逆に、怒りや強欲、嫉妬、恐怖などのネガティブな感情がわき起こったら、それは望んでいないことに目を向けているという証しになる。

明るい気持ちになることで、望みは引き寄せられてくる。そんなに難しい話ではない。ほんの少しでいいから、気分が高揚する選択肢を選べばいいだけなのだ。

それを続け、常に前向きに生きていれば、あなたの感情メーターはぐんぐん上昇していくはずだ。**やりたいことに集中し、感謝の気持ちを忘れず、感情をモニタリングする。**それを続けていくうちに、あなたは望みのエネルギーとシンクロし、引き寄せの法則の力が働き始める。しかし多くの人は、この力を逆の方向に使ってしまっている。

いやなことや不幸に目を向け、それに文句を言うのに時間とエネルギーを費やす人は、あまりにも多い。こうした嘆き節は、その人の本来の姿とはかけ離れている。だから暗い気分になる。そして引き寄せの法則によって、いやな状況を次から次へと招きつづける。

人生の流れを変えたいのなら、まずは自分で自分に言い聞かせる言葉を変えよう。やりたくないことに目を向けるのではなく、やりたいことに目を向けるようにしよう。

あなたは自分の人生の物語を「どうせこんなものだ」と思っていないだろうか。しかし、人生の物語は自分の手で変えることができるのだ。「どうせこんなものだ」と思ってあきらめてはいけない。いいこと、よくないこと、その間のもろもろのこと。人生に訪れるすべての出来事は、あなたが自分に何を言い聞かせ、どこを向いてきたかということの結果なのだ。

覚えておいてほしい。**あなたが思い描く人生のイメージは、真実としてあなたの無意識にすり込まれる。**たとえそれがその時点の現実とは違っていても、無意識には鮮明なイメージと現実との区別はつかない。無意識は、思考や言葉、感情、行動といった形であなたの望みを吸収し、それに反応してしまうものなのだ。

最も大切なのは、明るい気持ちでいることである。気持ちが前向きであれば、望みは引き寄せられてくる。しかし、気持ちが落ち込めば、それは不可能だ。

まとめ

自分の「感性」を信頼しよう。

常にやりたいことに目を向け、明るくて前向きな気持ちでいよう。

68

音楽を聴く

スティーヴィー・ワンダーの「愛するデューク」という大ヒット曲がある。その中で彼は、「音楽はそれ自体がひとつの世界で、人生を豊かにしてくれる」と歌っている。

その通り。音楽は世界そのものだ。そして五感の中では、聴覚は嗅覚に次いで記憶を呼び覚ます。**音楽には気分を一瞬で変える効果がある。曲が幸せな記憶と結びついていれば、効果はてきめんだ。**

音楽には仕事の場面で、またほかのさまざまな場面で気分を高める力がある。たとえば、会社の最高幹部に向けてプレゼンテーションをするよう言われたとする。あなたにとっては自分をアピールするチャンスだが、同時にプレッシャーも小さくない。お偉いさんに向かって話すのは、誰でも苦手なものだ。

もちろん、あなたは入念に準備を進めるだろう。しかし、最善の準備や入念なリハーサル以上にする必要があるのが、プレゼンテーションの前に音楽を聴いて、モチベーションを高めることだ。テンションの上がる曲を集めたプレイリストを作って、自分を鼓舞しよう。プレゼンテーションの前には気分が高揚する音楽を聴いて、その時々にふさわしい精神状態を作り出してほしい。

重要な報告書を書くときにも、**音楽をうまく使えば、心を落ちつけたり、創造性を刺激したりできる**。望みの精神状態へ持っていくために、特定の脳波を生みだす音楽を聴いてもいい。さまざまな周波数を使って脳を「だまし」、瞑想状態や創造的な状態、癒しの状態を作り出すのだ。

音楽をうまく使い、必要なときに気分を盛り上げ、パフォーマンスを高めよう。

まとめ

音楽をうまく使って、自分の気分を盛り上げよう。
重要な仕事の前に気分をよくする音楽を用意しておこう。

69
自分の目標を口に出す

あなたは欲しいものや達成したいことがあるとき、幸運が向こうからやって来るのをただ待ちながら、「どうせうまくいかない」と半分あきらめていないだろうか。

ほとんどの人は、望みを持ちながらも、本当に実現することはないと思っている。そして、うまくいかなかったときはただ一言、「どうせ人生なんてこんなものだ」と言って見切りをつける。

あなたがこういう生き方をしているのなら、それに待ったをかけるべきだ。今こそ天から授かった力を活用し、**目的を持って生きよう。どんな人生を送りたいかという「目標」を定めるのだ。**

以前、私は友人の女性が開いたグループセッションに参加した。集まっていたのは五人か六人で、場所はメンバーの自宅だった。

セッションの中で、一人ずつ自分の目標を声に出して言うことになった。必ず「私の目標は」から始め、具体的な望みを言い、最後を「この世界に住むすべての人の幸福のために」で締めるという決まりだった。

そのときのメンバーに、主催者の女性の娘で一一歳になる女の子がいた。彼女の目標のひとつは、報道業界に強いシラキュース大学でジャーナリズムを専攻することだった。

セッションを行ったのはもう一〇年以上も前で、主催者の女性ともずっと会わなかったが、ついこの間、とあるビジネスのイベントでばったり再会した。娘さんの近況をたずねると、彼女はこう答えた。

「ええ、がんばっていますよ。シラキュース大学に合格してジャーナリズムを勉強しています」

彼女は当時、何度もその目標を口にしていたらしい。その後も常に繰り返していたのだそうだ。

大切なのは、「目標」という言葉が持つ力を引き出すことだ。**成功が向こうからやってくるのをじっと待ったり、幸運が訪れるのを願ったりしているだけではいけない。**

言葉には力があり、それぞれの言葉が持つ力には明確な差がある。そして「目標」は、数ある言葉の中でも非常に強い力を持っている。

「目標は……」で始まるパワフルな決意表明をしよう。それによって、あなたの心からの願いは、宇宙に聞きとどけられる。

「仕方がない」と言うだけで動こうとしないのは今日で終わりにしよう。あなたはもっと素晴らしい存在なのだ。

あなたの中には、人生を変える力がいつも眠っている。

まとめ

自分の望みをあきらめてはいけない。目標を決めよう。
決めた目標を何度も口に出そう。

70

ネガティブな人を避ける

ネガティブな人はどんな職場にもいる。話し相手をつかまえて、外でどんないやなことがあったか、どんな不幸に見舞われたかを延々と話す連中だ。自分の不愉快な気分を相手にも味わわせることを人生の使命にしているような、相手のエネルギーを吸い取る人たちのことだ。

あなたが最高の一日を送っているときにも、ネガティブな人はやって来てお祭り気分に水を差す。誰の周りにも、こうした人間の一人や二人は誰の周りにもいる。そして具合の悪いことに、多くの場合、家族の一員などかなり近しい人間だったりする。

夢のような一日を最高の気分で送り、この上なく幸せな時間を過ごしているとき、ネガティブな人はいきなり姿を現す。話を聞いて五分もしないうちに、あなたはふて寝したい気分になってくる。エネルギーを相手に吸い取られてしまう。

こうした人たちとの付き合い方で大切なのは、**できるかぎり近寄らないことだ。**もちろん、家族であれば避けるのにも限界があるが、一緒に過ごす時間を極力短くすることはできる。職場であれば、彼らに近づかないようにするのが最善の策だ。最低でも、向こうの話を真面目に取らないようにしたい。

ネガティブな人を変えるという手もなくはないが、向こうが変わりたがっているのでない限り、その努力はまず徒労に終わる。

今までよりも幸福な実りある働き方をして人生を楽しみたいなら、**前向きで、明るくて、協力的な人たちと付き合おう。**最高のあなたを引き出してくれる人のそばにいよう。

まとめ

ネガティブな人には近寄ってはいけない。前向きな人たちと付き合おう。

71

感情をコントロールする

「こういうことがあってさ、頭にきたよ」

「あんなことになって、あのときは死にたかった」

あなたもこういうセリフを何度か口にした経験があるはずだ。

だが、こうした言葉は、いったいどこまで本当なのだろうか？

それを確かめるため、ちょっとした実験をしてみたい。最初に、社会人になってから最悪の一日を思い出してほしい。みんなの前で上司に罵倒された日かもしれない。ひどいミスをして会社に損害を与えてしまった日かもしれない。

とにかく、そのとき何があったか、誰がそこにいたか、何を言ったかなど、細かく思い出してみよう。そして頭の中でその場面へ立ち戻り、今起こっているかのように追体験しよう。

さて、どう感じただろうか？

きっとかなりいやな気分になったはずだ。

続けて今度は、夢のような最高の一日を思い出してみよう。どんな日だったか。何をしていたか。頭の中で場面を再生して、できる限り細かく体感してほしい。聞こえた音。かいだにおい。かつて味わった素晴らしい一日の中に再び自分の身を置こう。

さて、どう感じただろうか？

とてもいい気分になったはずだ。

では、この実験からわかることは何だろうか？

それは、**たとえいやな、場合によっては最悪の気分になったとしても、そこから最高の気分に切り替えるのは可能だということだ。**頭の中で思い描くだけで、もっと正確に言えば、自分で自分に言い聞かせるだけで、人はこれだけのことができる。実際に起こったわけではないし、周りに誰かがいて、何かを言われたわけでもないのに、である。

冒頭で紹介したようなセリフを言った相手に、なぜそう感じたかを聞いてみると、たいてい「上司のあの言い方が」とか「あの場の空気が」とかいう答えが返ってくる。つまり、周りの状況に感情が左右されてしまったのだ。しかし実際には、何をどう感じるかは、すべて自分がコントロールできる。

周囲の出来事をどう感じるかは、自分次第だ。**気分が高揚する感じ方をするためには、視点を少し変えるだけでいい。**

私は、ニュースはあまり見ないようすすめている。どうしても見聞きせざるをえないときは、なるべく客観的な視点を保つようアドバイスしている。ニュースの中のストーリーに入り込みすぎると、先ほどの実験のように人の心はすぐに影響を受ける。そう、あなたを不幸にしているのは、状況ではなくあなた自身の心の変化なのだ。

しかし、いいニュースもある。それは先ほども言ったように、目のつけどころを変えるだけで、感じ方はすぐに変えられるということだ。恐ろしい状況に置かれながらも、心に傷を負わずに切り抜けた人の話を聞いたことがないだろうか。どうしてそれができたかと言えば、彼らは自分の置かれた状況を客観視する方法を編み出し、自分の中で他の人とは違った見方で状況をとらえ直したからだ。要するに彼らは、感情をうまくコントロールしたのである。

自分の思考、すなわち**感じ方の決定因子をコントロールする方法を身につければ、あなたは自分の心の主人となり、どんな状況に出くわしても、それをどう感じるかを自分で選べるようになる。**

負のスパイラルに陥りそうだと感じたときは、思考の連鎖を断ち切ろう。考え込むのをいったんやめて、「今はどういうふうに考えれば、気分を高揚させることができるだろうか？」と自分に問いかけよう。必要であれば、「この状況にも高く評価すべきところはないだろうか？」と自問して、状況をとらえ直そう。こうして視点を変えることで、少しずつ気持ちも明るくなっていくはずだ。

まとめ

いやな気分になったときは、いったん立ち止まろう。どうすればいい気分になるか自分に問いかけ、実際に気分を高揚させよう。

72

今を生きる

周囲の会話にそっと耳を傾けてみると、多くの人が、起きている時間の大半を過去や未来を生きることに費やしているのがすぐわかる。彼らは昔がいかによかったかを語る。「古きよき時代」を懐かしみ、「あのころに戻りたい」と嘆く。

しかし実は、古きよき時代はそれほどいいものではない。過去が美しく思えるのは、私たちの心がたいていいい思い出だけを残し、他はすべて忘れてしまうからだ。

昔を思い返して懐かしむのは、必ずしも悪いことではない。しかし、過去に生きようとするのは無意味だ。

その逆に、想像の中の遠い未来に生きたくなるときもある。しかしいずれにせよ、そうした生き方には「現在」が欠けている。現時点で存在するのは、今という瞬間だけなのに。

人生は、今ここで展開されているというのに。

今だけが、存在する唯一のときだ。そして、あなた自身の力も、今にしか存在しない。**今こそが、あなたの働くときであり、人生を生きるときであり、将来を形づくるときだ。**

今この瞬間に感じていることが、将来の出来事をあなたのほうに引き寄せる。仕事であれば、今日やっている業務が、将来の成功、あるいは失敗へ続く道になる。常に全力を尽くさなくてはならない理由はここにある。

今を生きることは、落ち着きや心の平安を得る方法でもある。

私たちの心は、過去や未来に目を向けるとストレスを感じる。過去の過ちを振り返って気が滅入り、訪れてもいない未来を思って不安になる。しかし実は、現在には何の不安もない。現在に意識を集中する時間が長くなるほど、あなたの人生の流れはよくなる。アイデアがやってくる。

差し迫った問題の解決策が頭に浮かぶ。ストレスは減るか、場合によってはすっかり消えてなくなる。

理想の未来を想像してはいけないということではもちろんない。しかし、とてつもない未来を想像したところで、それはあなたが今という時に行っていることだという点を忘れてはならない。雲の上に城を建てようとするのはいっこうに構わないが、そこへ引っ越そうとしてはならないのだ。

本当に大切なのは、あなたが今、どう感じているかだ。引き寄せの法則では、あなたの将来を形作り、引き寄せるのは今のあなたの感情であり、肝心なのは、今このときを常に明るい気持ちで過ごしているかどうかなのである。

ストレスの多い状況にいるなら、あるいは不安や恐れを感じているなら、手を止めて、少しの間じっとしてみよう。二度、三度と長くゆっくりと深呼吸をしよう。息を吐きながら、自分が地球とつながっていることを感じよう。これを何度か繰り返せば、二、三分もしないうちに気持ちが落ち着いてくる。集中力が高まって心が鎮まり、自分の中のパワーを引き出しやすくなる。

まとめ

過去や未来のことを考えるのをやめて、今、この瞬間に集中してみよう。ストレスや不安を感じているなら、ゆっくりと深呼吸して、この瞬間に意識を戻そう。

73

立ち上がって体を動かす

健康クラブのオーナーでもある私から、シンプルな提案がある。それは**「立ち上がって体を動かす」ことだ。**

私たちの社会は、暮らしがさまざまな面で便利になる中で、座ったまま動かない社会になってしまった。仕事でも、ほとんどの人はデスクに座ってコンピュータを使う。これでは肥満になるのも無理はない。

ほんの何世代か前には、健康クラブやフィットネスセンターなどは存在しなかった。運動といえばマウスを動かす程度の私たちとは違い、ほとんどの人が体を動かす仕事に就いていた。ところが今では、大多数の人は体を動かすことがほとんどない。

現代人は体をほとんど動かさないライフスタイルに陥りやすい。私も自分にそういう傾向があることを自覚している。私にとって、健康に気を遣うというのは、常に意識していなければできないことなのだ。

あなたはどうだろうか？　体をよく動かしているだろうか？　適度な運動をして体型を維持しているだろうか？

充実した豊かな人生を送りたいなら、あなたは自分の体に気を遣わなくてはならない。**一定の成功を収めるためには、肉体のエネルギーが必要不可欠だ。**成功への階段を上がっている最中だというのに、運動不足がたたってエネルギー切れを起こしてしまう人があまりに多い。

現時点の体の状態がどうであれ、健康を増進するにはいくつかの方法があるから、それをこれから紹介しよう。

簡単なものとしては、たとえば車の駐車場所を職場から遠ざけることから始めるといい。職場まで少し歩かなくてはならない状況を作るわけだ。エレベーターではなく階段を使うようにしたり、社内連絡はメールや内線ではなく、その人のデスクまで歩いていって直接話すようにしたりというのでもいい。昼休みに散歩するという手もあるし、同僚と散歩仲間を結成すれば、モチベーションを維持しやすい。一風変わった方法をお望みなら、歩きながらミーティングを行うのはどうだろう。実はこれはかなり生産的な方法で、特に静かな場所を歩きながらなら大きな効果を発揮する。

私たちの社会の問題は、ひとつには、瞬時の満足をあまりにも求めすぎるところにある。私たちは欲しいものがすぐ手に入ることに慣れてしまっている。

しかし、**こと健康に関しては、欲しいものがすぐ手に入ることはない。ダイエットと健康作りには時間がかかる。**

習慣を変え、今よりも健康になりたいのなら、今すぐ食生活を改善し、運動を始める決意をしよう。と言ってもマラソンに挑戦する必要はない。ただ体を動かせばいいのだ。

まとめ

自分の健康状態に意識を向けよう。
運動不足を自覚しているなら、すぐにできる小さなことから始めよう。

9章

貢献する

74 最高の仕事をする

あなたは、自分の能力を使って何かに貢献しているだろうか？

いつでも最高の仕事を心がけているだろうか？ 最低限の仕事しかしていないのに、「なぜ給料が上がらないんだ」と文句を言っていないだろうか？

私は幸運なことに、どんな仕事でも全力を尽くすという姿勢が大切だということをとても若い時期に学ぶことができた。

私は一〇代のころ、あるファミリーレストランで見習いウェイターをしていた。初日に与えられた仕事は、パティオをきれいにしておくことだ。

私はその仕事に全力を尽くした。新規事業を立ち上げようとしている起業家と同じくらい、熱心に働いた。小さいころからそうしつけられていたし、何かをやるのならきちんとやりたいという性分だったからだ。
パティオはきれいに磨き上げられて輝いていた。そして三日目になるころには、レストランの偉い人もお客さんも違いに気づくようになった。
それからまもなく私は見習いウェイターからウェイターに昇格し、次にコックの見習いになった。

期待されている以上のことをする。これは、大富豪のアンドリュー・カーネギーが言っていた、成功した人生に欠かせない一七の資質のひとつだ。この教えを守っていれば、必ず成功の扉が開き、収入も増えていくことだろう。

まとめ

いつも最高の仕事をするように心がけよう。貢献すればするほど、それは収入やキャリアとして開花する。

75
貢献できる方法を探す

「お金は自分のサービスの価値を計る物差しだ。もっとお金が欲しかったら、もっといいサービスを提供すればいい」

私がこの考え方を最初に知ったのは、もう何年も前のことだ。

私たちはよく、「どうすればもっとお金を稼げるのだろうか？」と言ったりする。しかし、これは間違った質問だ。

お金は、提供したサービスの見返りとして与えられる。サービスとは、必要とされる製品を提供することでもいいし、その他の恩恵を与えることでもいい。

もっとお金が欲しいのなら、自分はどんな貢献ができるかを考えよう。自分の会社や顧客に価値を提供するには、何ができるだろう？

私たち人間は他の人たちに与えるためにこの世に存在している。だから何も持たずにこの世を去るのだ。

世の中を見渡せば、社会に大きな貢献をしている人が多くのお金を稼いでいる。多額の出演料を稼ぐ映画スターは、数えきれないほどの人たちに、映画を観る楽しみを提供している。同じことは、スポーツ選手やミュージシャン、作家などにも当てはまる。

大成功しているビジネスのオーナーは、他社よりも優れた製品を提供しているから成功しているのだ。レストランでいちばん多くのチップを稼ぐウェイターやウェイトレスは、他の誰よりも顧客へのサービスがいい。

お金は提供したサービスの結果だという考え方を覚えておけば、**もっと収入を増やしたいと思ったときに、まず自分のサービスを向上させる方法を考えるようになる。**

社会に貢献する方法を探していれば、お金はいつでもあなたのもとに流れてくる。

まとめ

自分が社会に対してどんな貢献ができるのかを考えつづけよう。
収入とは、社会に貢献したことへの見返りだ。

76

価値のある目標を持つ

先日、企業のマネージャーを対象にした一日セミナーで、ある参加者が素晴らしい質問をした。

「理想の人生をはっきりと思い描くことと、現在の自分に満足することは、両立できるのですか？」

これはとてもいい質問だ。

自己啓発の大家であるアール・ナイチンゲールは、「成功とは価値のあるアイデアをひとつずつ達成して前進していくこと」と定義している。

私にとっては、これがカギだ。ここで重要なのは、「前進する」だ。自分にとって価値のあるビジョンに向かって前進している限り、私は成功している。

つまり大切なのは、結果ではなく、そこに到達するまでの道のりなのだ。

言い換えると、大切なのは「価値のあるものを手に入れること」ではない。**「人生を費して追い求めるだけの価値がある目標」が人生でいちばん大切なのだ。**

あなたの目標は人生を費やすに値するだろうか？

ここで自分の目標をもう一度よく見て、「自分にとって価値がある」という基準を満たしているかどうか考えてみよう。

もし基準を満たしていなかったら、自分にとって大切なものを見つけ、それを目指すようにしよう。

まとめ

何かを達成するためには、人生の時間を差し出す必要がある。必ずその時間に値する目標を立てるようにしよう。

77

有意義な成功を目指す

もう何年も前のことになるが、私は妻のジョージアと一緒にジグ・ジグラーのセミナーに参加した。

それは素晴らしい体験だった。私たち夫婦はＶＩＰチケットを持っていたので、ジグとの朝食会に参加し、彼と直接話をすることができた。

その日、彼が話した大切なポイントのひとつは、普通ならあまり耳にしないような内容だった。とても残念なことだと思う。なぜなら、それは幸せで充実した人生を送るためのいちばん大切なカギかもしれないからだ。

私たちのほとんどは、自分なりの基準ではすでにある程度の成功を収めている。

「成功とは価値のあるアイデアをひとつずつ達成して前進していくこと」というアール・

ナイチンゲールの定義に従うなら、おそらくあなたは、今の時点ですでに成功している。

それなら、次はどうするか？　成功とは、これだけのことなのか？

もちろん、そんなことはない。人生の前進には、次のステップがある。

大きな成功を達成することよりも、ずっと価値のあることだ。それは「意義深い」行いだ。


アレックスという愛称で呼ばれた少女アレクサンドラ・スコットは、わずか八歳のときにガンで亡くなった。

彼女は、まだほんの小さな子供なのに、自分の病気と正面から向き合う強さを持っていた。そして重い病状にもかかわらず、世界に大きな貢献をした。

彼女がガン研究のために資金を集めようと決心したのは、まだ四歳のときだった。

アレックスは、家族にも助けられ、レモネードを売る小さなスタンドを始めた。

そして二〇〇七年、「アレックスのレモネード・スタンド基金」は、小児ガン研究のために一二〇〇万ドル以上もの資金を集めている。

私の友人のキャス・フォーキンは、高齢者は「年を取った天使」だと考えた。そして、その天使たちのために何かをしたいと決心し、「夕暮れどきの願い基金」を始める。最初は彼女一人だったが、今ではその活動は全世界に広がり、これまで高齢者の願いを七〇〇以上もかなえている。

たった一人の女性でも、夢と固い決意で、ここまでのことを成し遂げられるのだ。

あなたはどうだろうか?

あなたにとっては、どんな問題や大義が大切だろう? 自分が情熱を感じるその大義のために、今この瞬間から始められる小さなステップはなんだろうか?

私たちのそれぞれが、たった一人の人の人生をよくしようと活動を始めたら、この世界はもっと素晴らしい場所になるだろう。

まとめ

個人的な成功を超えた、意義ある大きな成功がある。
あなたの目標には、情熱を感じる大義があるだろうか。

あとがき

哲学者で詩人のヘンリー・デイヴィッド・ソローはこう言っている。

「自分の夢に向かって自信を持って突き進み、理想の人生に向かって冒険に乗り出せば、普通では考えられないような成功を経験することになるだろう」

この言葉を読んで、あなたも気がついただろう。ソローは、「自信を持って」と言った。「恐る恐る」ではない。

成功して幸せな人生を送るためのカギは、たくさんある。本書では、そのいくつかを紹介してきた。本書で紹介した原則は、あなたの冒険の助けになるだろう。実際、成功している人たちは、本書で紹介した原則を実行している。

本書や他の自己啓発書をぜひ何度も読んでほしい。それを毎日の習慣にしよう。時間はそんなにかからない。毎日一〇分から一五分読むだけで、前向きな精神状態を保つことができる。

理想の人生を鮮やかに思い描く時間を毎日の生活に取り入れよう。成功のエネルギーを全身に浴びよう。前向きで元気なエネルギーを発散していて、あなたの成功を望んでいる人たちと一緒に過ごそう。

人生で何を達成するかは、すべてあなた自身にかかっている。

覚えておこう。人生を変える力はあなたの中にある。

あなたには、理想の人生を生きる価値がある。あなたが望んでいる成功をすべて達成することを願ってやまない。

ジム・ドノヴァン

本書は小社から二〇〇七年に出版された『望みの人生を実現する単純だけれど重要なこと』と二〇一五年に出版された『happy@work 情熱的に仕事を楽しむ60の方法』を再編集して一冊に合わせ、改題したものです。

ディスカヴァー携書 194

夢をかなえる人の考え方

発行日　2018年2月25日　第1刷
2018年4月5日　第2刷

Author　ジム・ドノヴァン
Translator　弓場隆　桜田直美

Book Designer　長坂勇司

Publication　株式会社ディスカヴァー・トゥエンティワン
〒102-0093　東京都千代田区平河町2-16-1 平河町森タワー11F
TEL　03-3237-8321（代表）
FAX　03-3237-8323
http://www.d21.co.jp

Publisher　干場弓子
Editor　藤田浩芳　原典宏　林拓馬

Marketing Group
Staff　小田孝文　井筒浩　千葉潤子　飯田智樹　佐藤昌幸　谷口奈緒美
古矢薫　蛯原昇　安永智洋　鍋田匠伴　榊原僚　佐竹祐哉
廣内悠理　梅本翔太　田中姫菜　橋本莉奈　川島理　庄司知世
谷中卓　小田木もも

Productive Group
Staff　千葉正幸　林秀樹　三谷祐一　大山聡子　大竹朝子
堀部直人　塔下太朗　松石悠　木下智尋　渡辺基志

E-Business Group
Staff　松原史与志　中澤泰宏　西川なつか　伊東佑真　牧野類

Global & Public Relations Group
Staff　郭迪　田中亜紀　杉田彰子　倉田華　李瑋玲　連苑如

Operations & Accounting Group
Staff　山中麻吏　小関勝則　奥田千晶　池田望　福永友紀

Assistant Staff　俵敬子　町田加奈子　丸山香織　小林里美　井澤徳子　藤井多穂子
藤井かおり　葛目美枝子　伊藤香　常徳すみ　鈴木洋子　内山典子
石橋佐知子　伊藤由美　小川弘代　越野志絵良　小木曽礼丈　畑野衣見

Proofreader　株式会社鷗来堂
DTP　株式会社RUHIA
Printing　共同印刷株式会社

ISBN978-4-7993-2234-5

携書ロゴ：長坂勇司
携書フォーマット：石間　淳

ディスカヴァー携書のベストセラー

50万部突破のベスト＆ロングセラー
第2弾！

何をしてもうまくいく人のシンプルな習慣

ジム・ドノヴァン著　弓場隆訳

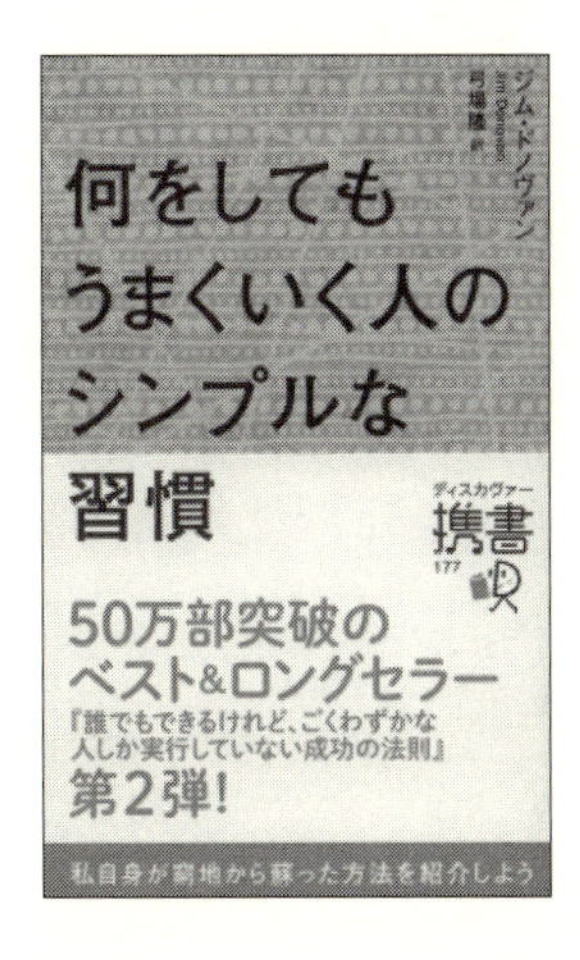

一度はどん底に落ちた著者が自ら試して効果があった「夢をかなえる方法」を選りすぐって紹介！「この本は、あなたの成長と発展のための手引書として書かれたものだ」（「はじめに」より）

定価1000円（税込）